你好!

我是李波老师!

让我们一起拥有达观与开放的

人生姿态，高效古便捷的学习方式.

追求理想、顺便拿分!

李波老师

2024年1月7日于北京.

态度对了，学习就稳了

李波 著

北京联合出版公司
Beijing United Publishing Co.,Ltd.

图书在版编目（CIP）数据

态度对了，学习就稳了 / 李波著. -- 北京 : 北京
联合出版公司，2025. 2. -- ISBN 978-7-5596-8170-6

Ⅰ.G782

中国国家版本馆 CIP 数据核字第 2024P0S208 号

态度对了，学习就稳了

作　　者：李　波

出 品 人：赵红仕

责任编辑：牛炜征

北京联合出版公司出版

（北京市西城区德外大街 83 号楼 9 层　100088）

三河市中晟雅豪印务有限公司　新华书店经销

字数 162 千字　880 毫米 × 1230 毫米　1/32　印张 8.5

2025 年 2 月第 1 版　2025 年 2 月第 1 次印刷

ISBN 978-7-5596-8170-6

定价：59.80 元

第一章
人对了，学习就对了

第二章
阻碍你提升成绩的症结

第三章
提升分数，先要升级认知

第四章
提升各科分数的有效方案

第一章

人对了，
学习就对了

把学习压力变成提分的阶梯

　　我是个不喜欢竞争的人，觉得每天活得快乐开心就好。教我的老师却不这么看，他们认为我没能考到班级前几名是一件非常丢人的事。曾经不止一个老师对我说："你这孩子怎么不要强呢？高考这么重要的事都不用心，以后还能有什么出息？"但我觉得，要强不如自强。与其每天活在与别人的比较当中，不如尽力做好自己的事。

　　当时，老师并不理解我的想法，我在学校感受到了非常大的压力。

压力也曾把我压垮

我们班黑板旁边的墙上挂了一个倒计时牌，对我的心态影响特别大。看着牌子上的天数越翻越少，我紧张得手心冒汗。人越是紧张，头脑中越是重复最坏的结果。高考之前，我不管是上课、吃饭还是睡觉，都在暗示自己："万一高考没考好，我这辈子可就完了。"

我同桌的成绩排在全年级前十名，我和他之间差距很大。模拟考试的时候，看到同桌提前交卷，我会觉得自己肯定考砸了，模拟考试出成绩的时候，果然结果不理想。那时，各种各样的负面情绪环绕着我，高考之前我经常整夜睡不着。为了逃避负面情绪，我就躲在被窝里看武侠小说，或者偷偷打游戏机。有时凌晨三点迷迷糊糊睡着了，第二天早上六点还要再去学校重复那种炼狱般的生活。

如果我一直以这样的状态迎战高考，那我肯定考不上自己心仪的大学，甚至根本考不上大学。直到有一天，我的班主任在办公室单独找我谈话，才逐渐打破了这种恶性循环。班主任当时具体对我说了什么，我已经很难记清了。只记得他问了我一个问题："你认为学习是什么？"我毫不犹豫地回答："学习就是考试啊！就是考高分，把那些考低分的比下去！"班主任接着说："你看，这就是你痛苦的根源，把考试当成了学习的全部。学习会伴随你的终生，它是一种生活方式。只有你把学习当成生活的一部分，它才不是你的阻碍，而是你前进的阶梯。"

考试是学习的一部分，学习是生活的一部分，学习带来的压力不也是生活的一部分吗？有谁能终身不用学习呢？有谁能逃避压力呢？既然永远无法逃避，不如勇敢地面对。也许我终其一生都无法考上心仪的大学，但是我要为自己的青春拼搏一把。

压力是生活的一部分

多年以后，当我坐在直播间向学生讲述自己的高考经历时，才发现当年的自己偶然顿悟了化解学习压力的方法：把压力当作生活的一部分。学习只是一种生活方式，没那么严肃和凝重，也许不需要那么正式。它是我们的精神追求，就像追求财务自由、时间自由、精神自由一样。可能我们终其一生都无法实现精神自由，但我们要去不断追求它，不断向它靠近。正因此，我们明天的生活才会比今天好一点。而压力就像指示灯，当我们感受到压力时，才能感受到自己在不断向着终极目标前进。

比如，我在大学毕业之后，成为一名高中数学老师，去了山西运城的一所重点中学任教。这份工作在当时看来非常不错。既是公办学校的老师，又有高中老师的编制。每年至少有两个月的假期，不管是家长还是学生，看我的眼神中都充满了尊重。尽管收入只有中等水平，但是社会地位很高，综合来看，我过得比较不错。

不过，我想要追求另一种生活，那种一眼就能望到头的日子，并不是我理想中的活法。所以，我又努力往前迈进了一步，工作几年之后选择了创业。然后，我从运城搬到了太原，又把事业发展到了北京。在今天来看，我距离最终目标还是有些遥远。但是，再奋斗 5 年到 10 年，应该可以实现。虽然实现梦想的过程充满了困难和压力，但我依然努力去争取实现它。而且并不会被压力所困，因为我知道这是生活的一部分，更是梦想的铺路石。

摆脱失败的梦魇

不过，仅仅把压力当作生活的一部分，并不能完全化解压力。不管是考学还是创业，我们都必须面对一个最大的压力源——失败。如果你做某件事情失败了，它将会成为你成长过程当中的梦魇。举个例子，在上大学之后的 10 年时间里，我经常梦见自己重新读高中。梦见自己特别努力地学习，但是高考又没考好。高考发挥失常这个梦魇，困扰我将近 10 年，直到最近几年我才不做这个梦。

自高考之后，我只要走进考场，手心就开始冒汗，甚至笔都抓不住。考试之前的三天，我睡不着觉，而且会犯神经性胃痉挛。这让我有种被命运捉弄的感觉，总是害怕考试失败。也许你在高考时，也会发挥失常。在找工作时，经常被拒绝。追求自己的意中人时，总是被拒绝。这些挫折和失败，都可能成为你的梦魇。那么，我们应当如何应对失败带来的压力，摆脱失败的梦魇呢？

我认为，失败具有偶然性，发生的时间点往往不确定。我们在面对失败时，压力并不完全来自失败的后果，而是担心自己可能会失败，这样会给自己带来非常大的焦虑和心理压力。既然失败是偶然的，我们就要用必然的方式来应对失败。你只需要关注你所要做的事情本身，而不是将全部精力都集中在可能出现的失败结果上。

比如，我明天必须发一段很重要的短视频，但是我今天的状态特别不好。这段不到一分钟的视频，录了一个小时还没有录好。我只能调整状态，一遍又一遍地录制。

一个上午过去了，视频效果依然不佳。我坐在办公室，感到绝望又痛苦。怎么办？我不会再去想视频效果好不好，如果今天拍不出来，明天会有怎样严重的后果。我只会屏息凝神，一遍又一遍地拍视频，心中不再有任何杂念。这时候，拍视频就变成了一件必须完成的事情，它就是一个目标，和其他任何因素无关。这样，我的心气就会定住，实现目标便成了必然要做的事情。当我能够专心致志地把全部精力集中在一个点时，诸多问题自然迎刃而解。

处理学习压力，化解考试失败所带来的焦虑，也是同样的道理。当压力来临时，当你被失败困扰时，你面对它们的方式是什么？我觉得是拥抱，想着让暴风雨来得更猛烈些吧！当你用相对开放的心态面对压力和失败的时候，它们反而会成为你把一件事情做成的一个动力和保证。

最后，我建议所有的学生去读一些哲学类的书籍。在读这些哲学类的书籍的同时，还要看见这个社会的现实。能够把书本当中读到的东西，在现实的生活当中应用。比如，你在面对现实的时候，愿意对自己的人生负责。面对人生的时候，有对未来的期望。愿意让自己具有勇气和信心，让自己走入大千世界，走入人生的现实。

一个真正的很厉害的人，一个心智成熟的人，一定是这样的一个人：你把他扔到地上，把他踩了好几脚，之后他还能站起来。当你面对人生当中的很多绝望时，你还能重新再站起来，继续拥有面对未来的信心，这是区别人与人心智的标准所在。人都是百炼成钢，如果能够挺过去，这个人就"炼"出来了。

新学期，怎样"开局"才能让成绩飞跃

　　每到新的学期开始的时候，都会有家长来问我，到底怎样管孩子，才能在新学期提高孩子的成绩和排名？回答这个问题之前，请家长们先回想一下，去年九月孩子开学的时候，很多家长也发现了孩子身上的很多问题，希望新学年开学之后，孩子能把这些问题解决。那么，一年的时间过去了，孩子的这些问题解决了吗？

　　我觉得，大多数问题并没有解决。为什么会这样呢？核心原因在于，我们想要解决孩子的问题，却并不清楚出现这些问题的根源在哪里，这样即使花了很多的时间、精力、金钱，最终也只能原地踏步。如果一个孩子在初一是名中等生，升到初二的时候他往往还是中等生，升到初三的时候，他的成绩和排名大概率依然不会有任何变化。孩子的问题是日积月累形成的，很多时候甚至一年到三年都没法解决。我们在看待孩子学习问题的时候，常常无法找到这些问题的根源，也就没法对症下药。所以，要想让孩子在新的一年当中有所成长，就必须清楚孩子的学习到底在哪里出了问题，进而解决问题背后的症结。

对于大多数家长而言，问题的症结确实不太好找，即使分析这些问题，也未必能分析到本质。这里我给家长提供一个分析问题的大方向，顺着这个方向基本能够找到孩子问题的根源。分数反映了孩子在学校里呈现出来的状态，分数的高低取决于孩子在有限时间之内的解题能力。

有的家长对我说："李波老师，这一点我看到了呀，所以我经常告诉我的孩子要多刷题。"逼着孩子多刷题，是很多家长和老师抓学习的惯用办法。在他们看来，孩子为什么学不好？就是因为刷题太少。好像只有通过多刷题，才能把所有的问题解决了。但是，我通过观察发现，绝大多数的学生学习差并不是刷题少导致的。不是因为他不想多刷题，而是他不能多刷题。能够多刷题的孩子在人群当中不超过20%，很多时候只能占到10%以内。换言之，10%的孩子刷100道题的时候，大多数的孩子可能50道题都刷不了。所以，我们需要从刷题这个点，再往下深挖。

为什么这10%的孩子的解题能力会比那90%的孩子解题能力要高呢？因为他们对于老师在课上所讲解的知识，理解的程度不一样。我经常给孩子们讲，一个人对于老师上课所讲解的内容的把握有四个层次，分别是：了解、理解、掌握、运用。大多数孩子仅停留在理解这一层次上。如果问孩子："今天老师上课讲的东西你能听懂吗？"大多数孩子都说自己能听懂。然而，能听懂仅意味着对老师所讲的内容有所感知，达到这一水平的通常属于中等水平的学生。如果一个孩子认为自己与老师的思路一致，那么他的水平高于中等水平的学生。一个孩子要想把题刷到位，必须让自己对老师讲解的内容达到"掌握"这个层次，最好能够达到"运用"的层次。

为什么孩子们听同一个老师讲课，有的能熟练掌握老师所讲的内容，而有的孩子还懵懵懂懂，只能处在理解的层次，或者只能达到了解这一层次呢？为什么同样听了一堂课，孩子们都说听懂了，但对知识的把握程度却不同呢？我认为，这主要取决于孩子的思维能力。那么，孩子的思维能力能培养吗？如果可以培养，又该如何培养呢？其实，对于培养思维能力，大多数人是无从下手的。一个孩子的学业从分数到解题能力，再到对知识的理解和思维能力，父母很难直接帮助孩子解决，只有学校的老师能帮助孩子。所以，家长只是关心孩子的学习成绩，但是没有具体的解决办法。

那么，思维能力弱的孩子，真的没法改变了吗？如果我们再深挖一下，就能够找到解决办法。一个孩子的思维能力取决于什么？取决于这个孩子的品质和心性。

孩子的品质和心性可以从五个方面来衡量：第一，他能否将心思安定下来；第二，他做事能否脚踏实地；第三，他能否沉下心来去做简单而具体的事；第四，他能否在正式的场合表达严肃的问题；第五，他能否张开双臂拥抱这个世界。通过 20 年的教育教学，我发现如果孩子能够做到这五个层面，他的思维能力通常很强。当思维能力到位了，他对知识的理解层次往往较高，解题的水平也不会很差，最终表现在考试分数上就会很高。

我经常让家长回顾自己上学的时候，成绩特别好的孩子大致可分为两类。其中一类是品质、心性极其到位的孩子，这些孩子最显著的特点就是成熟。他们的思想深刻且精神单纯。当一个孩子的品质心性发展得较好时，那么他通常会是一个思想深刻、精神单纯的人，在学业上的表现也较为出色。

还有另外一种孩子，看上去极其单纯。他上初三的时候，你感觉他的心性像是小学生。他上高三的时候，看上去像是上初中的孩子。这种孩子往往需要智力条件特别好，在学习上的表现才会很好。

第一类孩子的智力条件不一定占优势，但他们心智成熟，成熟的原因在于具备了良好的品质、心性。所以，在新学年开始之际，父母最应该关注的不应是孩子的考试成绩、解题能力、知识理解水平或是思维能力，而是孩子的品质、心性。家长应该关注孩子能否将心思安定下来，脚踏实地。既能"进"得去，也能"出"得来，还能打得开。这样一来，孩子在新的学年里才能实现真正的成长。

治疗厌学症的"特效药"

人人都有倦怠感

"我最近特别不想在学校待着。"

"我打开书本就觉得心烦。"

"只要听到老师讲课，我就犯困。"

…………

当老师这些年，我不止一次听到学生这样向我抱怨。自己实在学不下去了，只想逃离学校，远离任何考试。如果你也有类似情况，那么你应该是患上了"厌学症"。

厌学的本质是什么呢？我认为，它是对某一项长期从事的活动的厌倦，这是每个人都会有的情绪。比如，我于2004年从教，到今天已经有20个年头了。在当老师的过程当中，我有没有讨厌过这个职业呢？对于教书育人这件事，虽然说不上讨厌，但在某些压力大的时刻还是会有些厌倦。只不过这种厌倦放到学生身上，就成了厌学。

既然我对教书感到厌倦，为什么还能坚持20年呢？因为我喜欢当老师，同时也特别擅长教书。一个人如果能找到一件既喜欢又擅长的事情，应该感激命运对你的馈赠。因为大部分人从事的工作要么自己不喜欢，要么根本不擅长。所以能把喜欢和擅长合二为一，是一件非常幸运的事情。

但是，不管你怎样喜欢和擅长，一旦长时间做一件事，也一定会有倦怠感。

2014年的时候，我对教书的倦怠感特别明显。当时，我还在教学一线，给高中生讲数学。我对教数学的倦怠感达到什么程度呢？比如，今天晚上七点到九点钟有一堂数学课，我从下午五点钟就开始发愁。两条腿发软，头晕得厉害，不想往教室走一步。只要有我的课，不管是上午、下午，还是晚上，我都吃不下饭。哪怕是自己最爱吃的红烧肉，看到之后也会犯恶心。即使经过千百次的心理斗争，最后终于走进了教室，也觉得上课就像"受刑"一样痛苦。

后来我发现，这不是我个人独有的体验，几乎每个人在其职业生涯当中都会有类似的反应，这就叫职业倦怠感。通俗来说就是，对一份职业已经厌倦到反胃的地步。哪怕现在做直播也是如此，比如我最近的事情比较多，除了工作之外，家里还有一些烦心事。但是，今天晚上七点到八点我要跟大家视频连麦，这时我就会觉得很痛苦，好像整个人都被架在火上烤。虽然现在不像当高中老师时那样，倦怠感特别严重，但也还是会有一点负面情绪。

我把自己的感受毫无保留地告诉我的学生，就是要告诉他们，厌学并不是学生独有的状态，倦怠感是每个人都会出现的情绪。而且这种情况每天都会发生，只不过有的时候比较严重，有的时候比较轻而已。比如，今天做直播的时候，这种感觉会稍微轻一点。大学刚刚毕业参加工作的时候，完全没有倦怠感。执教三年后，我的倦怠感开始隐隐浮现，直到 2014 年达到高峰。在高峰期的时候，那种感觉特别痛苦。我甚至回到家后，和我爱人讲，自己能不能不做老师？能不能不上课？我实在受不了那时候的生活。

克服倦怠也是一种历练

既然倦怠感每个人都有，我同样也有倦怠感，那么我是如何克服倦怠感的呢？在职业倦怠感最强烈的时候，我会对自己说，教书这件事我必须得干，而且要干好。为什么必须得干？第一，我是出身农村，从山里走出来的娃娃。通过自己这么多年的努力奋斗，好不容易有了今天这么一点点成绩，不能说不干就不干了。作为寒门子弟，我能够赢得起，但我输不起。因为我没有那么多的资本允许我可以放纵自己，所以，即使对教书再厌倦，我也不能放弃。即便自己很难受，浑身无力，也要咬紧牙关往下走。这是基于现实的考虑，是现实决定了我的选择。

同时，我也明白了一件事，那就是人需要苦难的磨炼。这么多年我总是给别人讲人生，当自己遇到困难时，也要自己给自己讲讲道理。我对自己说："你为什么能够从农村走出来？你想不想让自己再好一点？"我内心最深处有个声音说："非常想，我已经想好了。"既然已经想好了，那么今天遇见的这些事，就是用来历练自己的。能扛得住会再往前进一步，扛不住只能打起铺盖卷往回走，世界上只有往前走和往后退这两个选择。

《孟子·告子下》中有一句话："天将降大任于是人也，必先苦其心志……"我经常拿来宽慰自己。那些厌学的学生不想去学校，坐在教室里就头晕、恶心，不知道坐在教室里学习的意义和价值在哪里。其实，他们的感受和我当年的职业倦怠感是一回事，没有什么本质的区分。就像我 2014 年教书的时候一样，从早到晚忙来忙去，每天上课看不见头。我经常觉得多上一节课和少上一节课没有区别。内心总有一种虚无感，总觉得心里空落落的，头昏脑涨，好像失重一样。

为什么会有这种感觉呢？我认为，这是老天爷把重任降临在我的身上，磨炼我的心志。如果你想要成长或者成就一番事业，这个坎必须得迈过去。所以，我特别喜欢讲四个字：事上磨人。意思就是，看你能不能把这件事情扛过去。如果能扛过去，那么就上了一个新台阶。扛不过去，则只能原地踏步，甚至退回原点。我经常讲教育分为四个维度：第一是家庭教育，第二是学校教育，第三是社会教育，第四是自我教育。这四个维度的教育，归根结底带给人的只有两个字："历练"。克服倦怠感，战胜厌学情绪，也是一种历练。

　　我经常对厌学的孩子讲：不想上学是一件很正常的事情。你需要把这些负面情绪当作对自己的历练。如果经受不住历练，那么你只能在家里待着。刚开始的一个月，你或许觉得没什么问题。但是，当你在家待三个月，你就会感到无所事事，甚至开始焦虑和恐慌。当你在家待一年，你有可能永远都不想去学校了。你会觉得去学校和不去学校似乎没什么区别。

　　但是，一年不去学校学习，会给你造成什么影响呢？你的学业会因此停滞，你的人生甚至可能会和社会脱节。从现实的角度来看，上学给我们每一个人带来的东西其实并不多。上了大学就能确保你找到好工作吗？就能确保你能找到一个收入很高的工作吗？即便找到一份好工作，你这一辈子就会过得很好吗？不一定。因为决定这些的不是你的学业，而是你在刻苦求学的过程中，通过不断克服困难而得到的历练。这些在求学中的历练会养成你克服困难的习惯。在面对压力时，能够顶得上去。如果你无法扛住厌学情绪，可能会导致抗压能力特别脆弱，只要遇到困难就会打退堂鼓。

所以，当真的出现厌学症状时，你必须扛住。你会发现，厌学这种事或许最多扛三个月就能扛过去。你扛的其实不是厌学本身，而是心里的难关。求学如同过关，过了一关就升华一点。最终，整个人都会得到升华。这就是克服倦怠感带来的进步，也是自我教育的一种方式。

自我教育是良方

克服厌学症也是一次特别好的机会，让你能够实现自我教育。通俗来讲，就是自己教育自己。我们经常强调原生家庭教育、学校教育、社会教育的重要性，实际上教育的本质是自我教育。一件事情只有自己能够悟到，才是你真正得到了。而且孩子年龄越大，自我教育就越发重要。比如，你是一个上高一的孩子，已经 16 岁了，父母的话基本听不进你的耳朵里。同学、朋友、亲戚、老师的话，你也大多不会往心里去。你会认为，自己已经具备了独立的思想，对事情有自己的判断。

既然已经没人能够左右你的思想，那么只有你能帮得了自己。即便我的学生找到我，想要沟通厌学的相关问题，我也只能从我的角度去开导。谈谈自己曾经遇到的一些类似的经历，以及自己的一些反思。但是，当我说完这些经历和想法之后，所有的决断权还是在学生手中。只有学生心甘情愿克服厌学这件事，把它当作一个历练自己的机会，我说的话才会有效果。只有学生发自内心地想历练自己，想成为更好的自己，有这样的雄心壮志，才能迈过厌学这道坎。他才能真正成长，即使在之后的学习和生活中，遇见比现在更大的困难也能够走出来。

你一定要相信，今天能够克服厌学这件小事，那么未来即使出现类似的事情，自己也能够顺利跨过这道坎。比如，你将来想要自己创业，而创业的过程中所经历的困难会更多。那时候你回想起求学时期的经历，会问一问自己当年是怎么扛过来的。那时候你还很弱小，都能克服这些困难，现在你已经长大了，变得更强的你，更应该克服当下的困难。你会发现，不管多大的困难，难以逾越的并不是困难本身，而是心理的鸿沟。面对一件事的时候，你的内心对这件事情会有一种评判。

一旦能克服厌学，能够扛过学习的倦怠感，你就会建立一种心理优势。在遇到类似的困境时，你会在心理暗示自己："今天遇到困难了，我不能退，这是底线。如果我退一步，就会退三步，最后一溃千里。"

有个词叫"习惯性放弃"，意思是只要遇到一点困难，第一反应就是放弃。想一想，习惯性放弃真的成为你的心理状态，那么你这一生还能做成什么事呢？但是，你能够战胜自己一次，这成功的经验会逐渐形成一道防火墙，让你很难出现习惯性放弃，更不可能一败再败，只会屡仆屡起。

假设你今天厌学情绪特别严重，你可以试着闭上眼睛深呼吸数次。即使你觉得学习十分乏味，令你恶心得想呕吐，也要提醒自己，熬过这阵子就是英雄，就是勇士。当你有了这样的雄心壮志之后，哪怕第一天你会十分难熬，会感觉无力甚至虚脱。以我多年教学过程中的观察和与学生沟通后得出的结论，当你不被厌学的这种情绪裹挟，并且扛 3～5 个月时间，就会发现这个症状开始慢慢消退，你会觉得，学习好像并不是那么难以忍受的事情了。

一旦你有过一次克服厌学的成功经验，这个事情就给了你正反馈，你会发现所有的负面情绪都是"纸老虎"，这样的正反馈会帮助你在下一次厌学情绪到来的时候再次战胜它。你会成功第二次、第三次，直到历练成一副钢铁神经，不管遇到多强的倦怠感，都能云淡风轻。

克服厌学是个体力活

除了从心理上克服厌学之外，还有一个方法可以帮助你更快地缓解这种感觉。这个方法就是：不动脑子，付出体力。

具体来说，并非完全不思考，而是不去纠结坐在教室读书的意义和价值，也不去想这些行为对未来有何影响，更不去考虑今天的努力能带来什么样的收获。只需将身体留在教室，其他的想法都暂时放下，坐在那里就好。比如，今天上数学课，你可能听不进去。这时你只需要把数学课本拿出来，再找一个空白的本子。老师讲到哪个章节，就把这个章节的板书记在笔记本上。又如，今天的数学课讲第三章的第二节，你把书翻到第二节"函数的单调性"，然后拿笔把黑板上的板书，以及课本上写的内容抄过来。自己像一个机器人一样，不需要理解这些内容，书上有什么你就写什么，这是付出体力。这样操作10～15分钟，你会发现自己的身上有劲了。

在面对厌学情绪时，你往往会经历长时间的心理斗争。然而，这种心理斗争除了造成精神上的疲惫，并不能真正减轻厌学的感觉。你可能会觉得自己在深思问题或构想未来，感觉自己在探讨一些深刻的话题，但实际上，越是思考学习这件事，反而越是没有兴趣。我想要告诉你的方法是，不要去想这些问题，只需拿起笔开始写字。至于写什么内容，是否经过深思熟虑，都不必在意。你会发现，写了一段时间后，身体会感到更有活力，思维也会变得更加活跃。

我经常问我的学生：到底什么是励志？我认为，励志的根本不在于沟通，更不是简单的说教。比如，你对孩子说："你要努力！你要奋斗！你要好好学习！"这不是励志，而是"念经"。

什么是真正的励志呢？励志是让自己投入艰苦的体力劳动

中。人思维的兴奋来源于身体的兴奋。只有让身体先兴奋起来，才能带动思维的兴奋。厌学孩子的思维往往处于困顿状态，他们的思想被困在一个狭小的空间里难以挣脱。如果脑袋里只琢磨学习这一件事，反而琢磨不明白，甚至会感到迷惘，更不愿意上学了。

那么，如何从困顿中走出来，让全身充满力量呢？最有效的方法之一，就是投入到简单、重复、无意义的体力劳动中。作为学生，应该将体力劳动与学习结合起来。坚持 3 ～ 5 个月，你会发现自己的状态焕然一新，与之前大不相同。每个经历过倦怠的人都有这样的体会：有些人能够走出困境，而有些人则深陷其中难以自拔。当然，每个人遭遇的倦怠形式各不相同。但是，我希望所有孩子都能将此视为一次历练，牢牢抓住这次机会，战胜"厌学症"，感受自身的蜕变。

高考生心里不踏实怎么办？

你为什么会忐忑？

如果你是一名高考生，是否经常陷入这种状态？即将升入高三，虽然干劲十足，但总觉得心里不踏实。好像自己还有很多知识点没有掌握，越是着急就越焦虑。

我在 2021 年辅导过一个叫小栗的孩子，他在高一、高二时的成绩中等，想在高三努力一年，冲一把 211 大学。于是，小栗在高二暑假恶补了数学和物理，想着以"笨鸟先飞"的姿态，在高三开学测试中打个翻身仗。拿到开学测试成绩之后，小栗傻了眼。自己认真对待的数学和物理考得最差。

他感觉这次开学测试的题目有点儿难，是学校自己出的模拟题，类似于高考联考题，并且题量有点大。除了语文、英语的成绩和高一、高二水平差不多，理综、数学全都考得特别差，数学甚至没有考到 80 分，要知道小栗在高二时，数学成绩一直能够稳定在 90 分以上。而且他感觉自己高二数学掌握得比较好，尤其是"导数"和"圆锥曲线"的内容。但是，这次的考试成绩让小栗大失所望，感觉心里特别不踏实，好像挨了当头一棒，对自己的高考几乎丧失了信心。

实际上，小栗遇到的问题绝大多数高考生在备考的时候都会遇到。在高三一年的备考当中，这种心里不踏实的状态，还会反复出现。

那么，考生们为什么会经常内心忐忑呢？我认为，主要由两个问题造成。

第一个问题，考试成绩跌破心理预期

某次考试成绩很不理想，考生会埋怨学校为什么把题出得这么难，甚至不了解老师想要干什么。班里所有的学生都感觉题目很难，但是老师却说题目很简单。

于是，学生开始怀疑自己的努力是否真的会有回报，有些平时成绩差一点的考生，甚至信心直接崩溃。再加上高三学习压力太大，如果心态调整不好，很可能影响最终的高考成绩。老师为什么普遍把高三摸底测试的难度搞得这么大呢？其实是想给大家提个醒——高考也并非易事。即使你在高一、高二学得不错，也不是随随便便就能够把高考拿下的。进入高三之后，应该把心收一收，忘掉之前的成绩，重新出发。不管高三摸底考试的成绩如何，都不要因为一次成绩影响到自己的心情。

第二个问题，生活节奏上的变化

除了考试的影响之外，还有一个因素可能造成高考生心情的忐忑，那就是生活节奏上的变化。比如，小栗从高三开始选择在学校住宿，此前他一直是走读。长时间的走读生活让他难以适应住宿生活。走读时，家长可以陪着他，每天放学路上还能跟同学一起聊天。白天在学校产生的负面情绪或遇到的各种琐事，都可以通过交流排遣掉。但是，住宿之后他发现舍友们的学习状态都比较差，很难找到心态积极向上的同学，更不可能通过聊天来宣泄自己的负面情绪。平时相处最好的几个朋友都是走读，晚上也不能一起放学。这导致小栗的情绪很敏感，尤其在和室友相处的时候。比如，小栗的宿舍是三人间，其中一个男生的学习水平和他差不多。但是，另外一个同学总向这个同学问问题，却从来不问小栗，这让小栗感觉很酸楚，觉得自己不仅没有受到尊重，还有种被其他人排挤在团体之外的感觉。

做个"皮实"的高考生

通过对小栗的了解，以及他从高一到高三精神状态的变化，我相信以他的水平，应该可以考上一所比较心仪的大学。但是，如果小栗在高考之前无法理顺心态，那么他很可能在考试之前情绪崩溃。其实，对于小栗这样的考生而言，要想以积极的状态迎接高考，最重要的是具备一种特质："皮实"。

皮实是什么？不是我们通常说的调皮捣蛋，而是说任凭风吹雨打，我自岿然不动的"钢铁神经"。皮实的考生无论考试题是困难还是简单，考试的分数是高还是低，心理状态都非常稳定，不会受到干扰。哪怕某个同学一次考试名次比自己考得好，或者有人在旁边说了几句坏话。他依然知道自己是什么水平，要去干什么，这是皮实的主要含义。当我从一个同学的身上感受到了皮实的感觉，或者原本很怂的一个学生，经过一段时间的磨炼变得比以前皮实了，他最终的高考成绩应该不会有太大问题。

当然，考生要达到皮实的状态，仅仅有稳定的情绪还远远不够。我也带过很多学生，看起来很皮实，实际上是因为心态崩溃，已经彻底放弃高考。这并不是皮实，而是已经对高考破罐子破摔。有些学生在高三摸底考试中的成绩平平，离他们理想大学的录取分数线还有很大差距。这类学生在短暂地集中精力学习之后，可能会突然感到自信满满，认为自己有能力冲刺顶尖高校。这时候他们会觉得自信满满，放学后可能会花费大量时间玩游戏。等到突击考试时，他们会觉得题目似曾相识，好像以前都见过。但由于缺乏系统的复习和知识点的巩固，结果往往是大部分题目答错。面对这样的结果，他们可能会瞬间失去信心，对自己的学习能力产生怀疑，进而开始自暴自弃，对待考试采取无所谓的态度。这样看起来很皮实的学生，实际上并没有达到理想的备考状态。

那么，什么才是真正的皮实呢？我认为，除了情绪稳定之外，最重要的是在考试时能正常发挥。

正常发挥指的是考生能够充分发挥自己的能力。具体来说，如果当天学习的知识点都能熟练掌握，第二天考试时能够将这些知识点灵活运用，并取得较为理想的成绩，这就属于正常发挥。相反，如果平时感觉学得不错，但考试成绩总是提不上来，或者偶尔一次考得很好，之后的几次考试分数又大幅下滑，这些情况都不能算是正常发挥。

考生如何才能够把自己的能力正常发挥出来呢？我认为最重要的是持续保持皮实的状态，而不仅仅是暂时的。如果你今天变得皮实了，那么在接下来的几个月时间里，要继续保持这种状态。要达到"任凭风吹雨打，我自岿然不动"的境界，无论外界环境如何变化，都能把自己的能力充分发挥出来。但是，如何才能在高考中正常发挥自己的能力呢？

要想正常发挥，需要做一件事情，那就是多重复几遍。我一直在讲一句话叫：能不能，会不会，快不快，爽不爽，一句话。能否考上理想中的大学，可以从这五个方面进行评判。前三者：能不能，你能否跟得上老师的节奏；会不会，你会不会独立解决问题；快不快，你解题的速度如何。但是，不能正常发挥的考生往往在后两方面出现问题。

第一，爽不爽。你要追求的是做题时感受到"爽"。当你历尽千辛万苦把一个很难的问题解决了，但是对于这个问题的知识点，你运用得还不是很熟练，那么请问你愿不愿意把这个问题再做一遍？爽不爽，考验的是你看问题的境界，是你人生的一种层次。

第二，一句话。当你用很快的速度解决了问题，能否用自己总结的一句话把问题的核心规律阐述出来。这考验的是你总结和归纳的能力，最优秀的学生除了能理解、应用老师传授的知识和方法，更重要的一点是对知识"再加工"的能力，内化知识，让其彻底为我所用。这又是另一个层次了。

享受孤独才能享受成功

"任凭风吹雨打，我自岿然不动"，是对高考生心境上的要求。此外，考生还要学会另外一种能力，那就是享受孤独。对考生影响最大的因素是什么？我认为，并不是考生的智商或者学习能力，而是考生的情绪，是考生对情绪的控制。一个考生如果能够很好地疏导和控制自己的情绪，他很容易在高考时取得好成绩。那些在考试时能够超常发挥的考生，几乎都是能够享受高考备考的孤独，并且还能自娱自乐的乐天派。相比之下，那些高考发挥失常的考生，通常都有一个共同的问题——害怕孤独，在备考的路上经常感到惴惴不安。因此，高考生必须学会享受孤独。

所以，住校对于一个平时喜欢热闹的考生而言，反而是一件很好的事情。你回到宿舍之后，没人和你说话，也许会很孤独，但是，在这种环境之下，反而容易让你的心静下来。

最可怕的是你觉得孤独很痛苦。因为没人和你说话，你头脑中的那些小情绪没有地方排解，你会觉得很难受。这时候我们需要学会转换心境，不要害怕孤独，而是要学会享受孤独。学会享受孤独最重要的是学会自娱自乐。当你学会享受孤独，学会自娱自乐，就会发现自己越来越皮实了，更加能够做到"任凭风吹雨打，我自岿然不动"。

提炼总结，多题归一

当你的心真正静下来的时候，就应该开始锻炼自己的提炼能力，那就是对于你所解决过的问题，能用特别精练的一句话把它提炼出来的能力。这种能力并非一朝一夕能够练成，但我希望所有的考生都要有这样的意识。在上课听讲的过程中，用这种意识去驾驭问题，并在课后花三到五分钟时间将其整理出来。对于大多数同学来说，在课上可能做不到总结，课下可能需要花 20 ～ 30 分钟来提炼总结。但是，考生一定要有意识地训练这种能力，前期可能会慢一些，坚持一段时间之后，就会越来越熟练。这时，在课上可以完成七到八成的总结归纳工作，在课后只需要完成剩下的两到三成就可以了。

在这个意识的基础上，还要借助具体的方法去归纳总结，我特别提倡的方法叫"多题归一法"。高考备考的核心是总结归纳，要在总结归纳的基础上刷题。总结归纳的目的在于形成问题的解决方案。所以，考生要记住一句话："一题多解，多解归一，多题归一"。唯有做到多题归一，才能够体验到飞一般的解题速度。这样操作下来，会形成一大类问题的解决方案。

有些考生在当天上课的时候完全理解通透了，但考试的时候呈现不出来。为什么？因为他们没有把课上接收的知识点固化。固化就是要把自己的灵感、感觉，转化为自己的经验，最终形成自己的理论。

我常说，想要在学业上实现跨越式的成长，方法只有一个，那就是一定要将自己的感觉转化为经验，进而将这些经验提炼为理论。即使将来上了大学，甚至开始工作后，也要不断实践我上述提到的方法。这是达到学习或工作顶尖水平所必需的一个步骤。用 10 年甚至 20 年的时间，让它成为你身体的一部分，成为你头脑中的一部分。当你能做到这三件事：第一，任凭风吹雨打，我自岿然不动；第二，学会享受孤独，自娱自乐；第三，提炼总结，多题归一，把自己的感觉和经验生成理论，你战胜了对高考的焦虑和恐惧，心里自然也就踏实了。

要想考高分，远离"书本主义"

我经常对我的学生讲，想要在考试中取得高分，必须远离书本主义。所谓的书本主义指的是什么？就是凡事只认书本，完全不考虑自己的实际情况。信奉书本主义的人往往获得了大量的知识和道理，但在实际生活中却未必能够运用得当。我们总是拿着书本上看到的一些道理来指导自己的生活。在看见书本中的这些道理的时候，你认为它是对的。但是，书本上的知识之所以正确，往往是特定条件下的结果，是天时、地利、人和共同作用的产物。某个道理适用于 A，并不一定同样适用于 B。

书上的道理也叫"知"，学习道理就是认知的过程。认知本身没有经过实践检验，就无法变成客观规律，只能算是假道理。

所以，我们经常讲知和行要统一，意思就是知要经过行的验证，道理必须和实践结合起来才可以。你有信心进入大千世界当中，愿意去接受淬炼，有勇气面对各种考验的时候，才会在被打倒的时候还能站起来。比如，一位同学有点书本主义倾向，他把书本上的东西放在现实当中历练，发现行不通，书上指出的那条路根本走不下去。他怀疑的不应该是道理本身或者书本主义，而应该反思自己的理解是否正确，或者是否在实践当中出现了偏差。

对一个问题的认知，有各种不同的维度和层次。如果你对于自己所看到的东西的理解处于中等偏下的层次，会导致你在现实当中应用时遇到很大的阻碍力量。比如，在学习生活和与同学相处的过程当中，有些同学按照书本上的道理行事做人。所以，当他们在生活和学习中遇到较大阻力时，应该扪心自问，是道理本身有问题，还是自己的理解和应用存在问题？其实，归根结底是自己不够通透、达观和开放。

面对书本主义这类问题时，我的建议是在做事的时候，将现阶段要做的事情放在较长的时间框架内考虑。至少在 30 岁之前，应该有一个长远的规划。有些事情在当下看来举重若轻，当你的阅历积累到一定程度时，才可能悟到其中的真谛。我们应该采取技术化的思维去做事，而非过于感性思维。先学会将自己的感性、情绪、情感隐藏起来，用技术化的思维将眼前应该做的事情做好。

当你的做事方式有了调整，在三十而立的时候，你才有了立于世间的基础。再加上你学会了如何隐藏自己的情感和情绪，你的精神才真正地成熟起来。像孔子这样博学多才的人，他所读的书以及懂得的道理要比我们多得多，但他却说三十而立。这是为什么呢？以我的体会来看，我在 30 岁左右的时候，才发现自己对一些问题的认识好像比 20 岁时稍微深刻了一些。

所以，当你面对自己的人生和学业成长时，一定会遇到很多困惑，而且在相当长的一段时间内无法解决这些问题，这个时候我们是否应该停下脚步呢？答案是否定的。我们还要继续前行，甚至要把这些问题暂时放下。这些问题可能会影响到我们的情感、情绪，甚至思想和观念，但我们不应过度纠结其中，而是应该先把它们放一放，就像封存一坛酒让它慢慢发酵。当人生的时机成熟时，再回过头来看这些问题，你会发现它们已经不再困扰你了。

在上学的年纪，孩子最需要的是什么？

我觉得是做事。做事是在现实层面上的打拼，比如我今年很痛苦，这件事情我接受不了。接受不了是什么问题？是你的态度问题，是你的情绪在作祟。但情绪真的那么重要吗？我认为，更重要的是事情做成。当你把这件事情做成之后，你会发现自己原先对于这个问题的思想观念很肤浅，甚至很狭隘。

阳明先生说过一句话："知之真切笃实处即是行，行之明觉精察处即是知。"从知到行需要丰富的实践和人生阅历，但是由于年纪的限制，年轻人无法从事过多的社会实践。即使在 20 岁左右，对于很多深刻的问题依然理解得很肤浅。这个时候我们没有办法打通从知到行的通道。怎么办呢？做到从行到知即可。

年轻人最大的优势是什么？

第一，有体力。一个 40 岁的中年人，干 8 个小时的体力活就虚脱了；但年轻人干 12 个小时的体力活，依然生龙活虎。

第二，有初生牛犊不怕虎的气魄。这是年轻人身上最有价值的东西。

每个人做事都是靠自己擅长的东西，年轻人往往不擅长感悟书本中过于抽象的大道理。所以，我们要少对孩子讲："多读点书，要去多思考，对自己的人生要有规划和定位。"因为这不是影响孩子成长最重要的因素，真正影响孩子成长的决定性因素是现实的打拼。当你把这些事情做成以后，你会发现自己的认知得到了升华。因此，想要在思想层面上得到升华，最好的办法并不是生搬硬套书本上的道理，而是把它暂时封存起来，在经受了岁月的洗练之后，再去回味这些道理，那时才会有真正深刻的体会。

如何缓解学习中的低落情绪？

情绪低落真的不好吗？

你是否每个月总有那么几天情绪低落？是否在中午休息或课间的时候，忽然感到特别沮丧，没有学习的动力？是否觉得自己没有适应当下的学习节奏，总感觉自己跟不上全班的学习进度？是否总感觉学习有点力不从心，而且不知道该如何调整这种状态？

这种感觉四个字就可以概括：情绪低落。

不定期的情绪低落在学生中很常见，特别是在学习压力较大的高中阶段。只要你对自己的高中学习和未来的大学生涯有着深切的期望，就难免会产生情绪波动。或许你对自己的期望非常高，希望通过自己的努力考上一所 985 或 211 大学。但是，进入高中阶段后，你在学校待了两个月，却发现这段时间并不像你在高中之前所想象的那样顺畅。甚至学习起来会稍微有些艰难，而这种艰难很多时候难以克服。例如，你在解决问题时，听老师讲解知识点时，或者写作业时，找不到那种特别顺利的感觉。这可能会让你产生一点点自我怀疑，从而在情绪上感到些许低落。

我经常对学生说，凡事要给自己一个定位。这个定位是什么呢？就是要让你的思想深刻起来，精神要单纯起来。当你开始有这样一种感觉时，可能就不会再有抓心挠肝的焦虑感，以及没着没落的无力感了。至少情绪低落的感觉不再像往常那样严重。这是你的思想在逐步走向复杂和深刻的必经阶段。人的思想在逐步深刻的过程中，内心深处会出现纠结或者焦灼，甚至是无力感。

但是，在经历这个过程之后，人的心智会越来越成熟。所以人的年纪越大懂得越多，才会发现自己越发渺小。当你感觉到自己渺小的那一刻，正是你在面对这个世界上太多复杂状况，内心充满无力感的时候。

正因为我们的思想在逐步走向复杂和深刻，才不应该去抱怨自己的情绪低落。我们应该肯定自己的这种心理状态，不要为这样的心态感到担心。你可能会认为自己怎么会变成了现在这副模样？自己是不是不如以前了？事实并非如此。从某种意义上说，这是你成长的关键点，因此应该庆幸现在有这样的状态。

让你的精神保持单纯

不过，仅仅接受这种状态并不能完全化解情绪低落带来的负面影响。要把情绪低落的影响降到最低，我们还要学会更深刻的思想：精神单纯。在情绪低落时，最不可取的就是消极面对当下的这些纠结、焦虑。如何让这样一种不好的状态最终变成你前进的助力呢？这取决于你能否保持精神单纯，并且保持这种精神状态继续走下去。"精神单纯"这四个字的内核是什么？是面对当下和未来的一切阻力时，你依然保持积极的人生态度。

任何一件事情都具有两面性，既有积极的一面，也有消极的一面。当你的思想开始逐渐深刻时，你看到的消极面会越来越多。比如，一个刚上高中的孩子相比于自己在初中时，面临的困难更多了。当他陷入情绪低落的过程中，消极的想法会在他的头脑中涌现。相比于之前上初中时的心态，他会发现生活原来还有这么多不顺心的一面。不论是学习，还是与同学、老师之间的关系处理，都变得越来越复杂了。在见识了更多的消极、阴暗和阴霾之后，究竟是选择妥协，还是选择积极面对？你的选择直接决定了你的未来，甚至左右着你一生的方向。

我经常强调，不是命运选择了人，而是人选择了命运，这便是所谓的"命中注定"。真正决定命运的是你的选择，是你面对低落情绪时的态度。无论你的学习生活有多么艰难，在心里一定要告诉自己，要保持积极的态度，依然追求精神上的单纯。当你看到积极和消极的事物时，依然选择那些积极的事物，这就叫作精神单纯。

当你情绪低落时，可以尝试以下做法：首先，要肯定当下的现象，接受它们发生的可能性；其次，认识到这是一种很正常的现象，我们要学会接受；最后，要主动去化解当下的困境，疏解低落的情绪。如何疏解低落的情绪呢？我们需要学会给自己打气，给自己励志。

那么自己给自己励志的方法是什么？

重点做两件事情：第一，学会聚拢散乱的心神；第二，不要过于在意事情的结果。

第一件事：学会聚拢散乱的心神

比如你是住校生，一个月只休息两天，学习非常辛苦，经常情绪低落。你可以在课间休息时做一些简单的放松动作，身体上的放松，往往也会给心理带来正面的影响：第一个是踮脚尖，第二个是伸展训练。

比如，在早晨上课间操或下午跑步之前，你可以花两分钟时间，做这两个训练。先闭上眼睛，全神贯注于自己的呼吸。吸气时，所有的注意力集中在吸气这个动作上。然后站在原地，脚尖点地的同时抬起脚后跟，做十几次基本就可以了。在这个过程中，你可以同时做伸展训练。如果时间允许，在第一节课下课和第二节课上课之间，抽一分钟到两分钟时间，做这两个动作自我放松一下。并且用两个月的时间，把这个练习常态化。

这是身体上疏解低落情绪的训练，在精神上还可以通过阅读课外书放松。比如，女孩子可以买两本女性的自传读一读，米歇尔·奥巴马的新书《成为》（*Becoming*），就是比较好的选择。通过身体训练和读课外书，可以疏解情绪，起到凝聚心神的作用。再加上对自我的肯定和接受，相信情绪低落的问题会逐渐化解。

第二件事：不要过于在意结果

除了在身心层面缓解低落情绪，我们还需要学会调整对结果的预期。这些情绪低落或自我怀疑大多源于你对结果的预期与实际结果之间的偏差。你需要思考，究竟是什么导致了这样的结果？最根本的原因可能是我们在学习过程中效率还不够高。一旦找到了原因，接下来要做的不是纠结于为何结果不尽如人意，而是着手解决存在的问题。

那么，如何找到问题的原因并提出解决方案呢？以给同学们做线上辅导为例，我通常会询问他们近期学校是否有进行过测验，以便了解他们的成绩情况。假设一个学生在满分 100 分的物理测验中得了大约 55 分，在满分 150 分的数学测试中得了 80 ~ 90 分，而语文和英语的成绩则在 100 分左右。他所在的学校在当地是一所一类学校，班级为普通班，他在班里的排名处于中游水平。

了解了这位同学的成绩后，还需进一步了解他的学习习惯。他的学习重心主要集中在三个方面：一是课本内容；二是老师课堂上讲解的知识点；三是老师布置的作业或是学校发放的练习册。

这名学生将主要精力放在了老师布置的作业或练习册上。这种方式本身没有错，但从他的具体情况来看，这并不利于他的进步。例如，他在做练习册时，特别是面对有一定难度的问题时，会感到很大的压力，这种压力不仅体现在时间上，更多的是需要耗费大量精力才能解决问题。此外，对于老师课堂上讲解的题目，尤其是自己不擅长科目的题目，在课后重新做这些题时，需要花费很长时间才能解决，而这段时间远远超过老师讲解题目所需的时间。有时，即使是老师在课堂上讲过的题目，三天后再看到时仍然无法立即想到解题方法。从他的成绩和学习习惯来看，他显然难以将上课时学到的知识有效地应用到解题和考试当中。

该学生的问题在于，未能充分消化课堂上老师教授的内容，就带着这些尚未完全掌握的知识去做课外练习册。再加上他自己设定的目标过高，与实际学习成绩之间存在较大差距，导致了目标定位的偏差。每个人的时间和精力都是有限的，试图同时处理过多的知识必然会超负荷运转，这正是人们常说的"贪多嚼不烂"。那么，这类学生应该如何解决问题呢？我会建议他们在下一次考试前暂时放慢做练习册的进度，甚至可以暂停不做。可以让家长帮助与老师沟通，因为如果不做练习册，老师可能会找学生谈话。因此，在采取这一行动之前，最好先向老师说明情况。

不做练习册之后，可以把节省下来的时间用于另一项任务。比如在晚自习或课余时间将老师课堂上讲过的题目重复做三遍。做完三遍之后，继续重复做第四、第五、第六遍。可以优先选择数学、物理和化学这三门课程作为重点突破对象。只要是老师课堂上讲过的题目，都要重复去做并在做题的过程中给自己计时。对于那些书写过程超过五行的题目，要能在两分钟内解答出来；五行以内的题目要在一分钟内完成。只要坚持这样做两个月，就能很好地掌握老师布置的作业和练习题。这样一来，对于满分 150 分的科目，基本可以稳定在 115 ～ 118 分。当你能够稳定达到这个分数时，再去尝试做课外练习册，这样它的价值才能真正体现出来。

集中精力的秘诀

经常有学生家长对我说，孩子从小学升入初中后，感觉学习节奏明显加快了，很难适应初中的节奏。相比之下，小学生活显得更为轻松。有些孩子长时间跟不上老师的教学节奏，导致学习成绩下滑，甚至有些孩子因此自信心受挫，产生了厌学情绪。

小学和初中相比，最大的区别在哪儿呢？我认为，初中对孩子集中精力的能力，以及长时间专注于一件事情的持续性提出了更高的要求。从升入初中开始，你就不再过六一儿童节了，这意味着你不再是儿童，而是进入了青少年阶段，成为一名少年。进入这一阶段意味着在小学时期的一些行为，比如上课时做一些小动作、抠橡皮、挠头等，会被视为违反纪律的行为。

而在小学阶段，这些上课做小动作或注意力不集中的行为，在老师、同学和家长看来通常是无伤大雅、无关紧要的事情。

但在升入初中后，你会发现上课时做小动作等行为似乎成为了大家普遍关注的问题。之所以受到关注，原因很简单，这些动作和行为会影响到你的学习。

我在直播时坐在一把转椅上，与大家连线时，如果我的身体一直在动，整个人就会不停地摇晃。我可能会一会儿手里抓颗糖，一会儿手放在桌子上推一下，让椅子摇晃几下，一会儿又拿起杯子喝水。如果我是一名在教室里听课的学生，这些动作肯定算作小动作。

但是，几乎没有人去批评我的小动作。因为我坐在镜头前，与学生们连线，分析孩子们的案例，并给出一些判断和建议，这些都是学生和家长所需要的内容，他们会认为我很有水平，因此会完全忽略这些小细节。

我在连线时精力非常集中，因为我需要倾听学生和家长提出的问题，并迅速思考给出最适合他们的建议和指导。而我的心思并没有放在那些小动作上，身体的动作很多时候只是下意识的反应。

具体到小升初的孩子上课精力不集中的问题，也是同样的道理。孩子升入初中后，家长和老师除了对学习成绩有要求外，还期望他们在上课时能够保持端正的姿态。因为他们已经是少年，不再是五六岁的小朋友。然而，人的精力毕竟是有限的，当需要分出一部分精力来控制自己的小动作时，他们就很难保证上课时不走神。

那么，如何才能让孩子的精力真正集中起来呢？我认为，最有效的方法是不要对孩子提出过于苛刻的行为规范要求，而是让他们首先将全部精力集中到学习上。当孩子的成绩有了保障，能够在班里站稳脚跟之后，自然会获得更加自由和宽松的发展空间，心情也会变得更加放松。值得注意的是，在放松的状态下，人的精神反而更容易集中起来。

比如，你现在上初一，要学习语文、数学、英语、政治、历史、地理等科目。期中考试结束之后，你把卷子往父母面前一放，满分 100 分的考试，你每门都在 95 分以上。然后，你把书包往沙发上一摆，对你妈说："妈妈啊，你好像有好长时间没有让我摸手机了！"你妈会说："来来，赶紧用手机玩两把游戏！"

上课的时候，老师在上面讲课，这时候你想喝一口水，就把杯子拿出来，看着老师喝了一口水。以前你的老师会说："你怎么又喝水了？不知道上课不许喝水吗？"现在你的老师不再因为这些小事批评你，他会认为你上课时的小动作并不会影响学习成绩。

这叫分数自由，是你在学生生涯当中，获得自由的关键一步。作为学生，如果每次考试的分数都特别高，从某种意义上来说你就获得了自由。作为学生，即使你能考100分，你也知道不能趴着在课堂上睡觉，因为这是对老师的不尊重。当你认识到了这个层面，上课还能认真去听，你又实现了精神自由。当你有了分数自由和精神自由的时候，自然会越来越喜欢自己所处的环境、所经历的事情，你的精力自然会集中在这里。

所谓上课精力不集中，从另一个角度来看，它其实并不是一个问题。一些无伤大雅、不影响课堂纪律的小动作我们并不用刻意避免。就像我在连线时没有人会说我坐在那里扭来扭去，坐姿不端正，没有一点老师的样子。因此，当你在分数上获得了自由时，小动作的问题自然就不会有人在意了。

仅仅实现了分数上的自由，并不能一劳永逸地解决精力不集中的问题。你还需要达到精神自由的状态，才能真正将全部的精气神都聚拢在学习上，并且一直持续下去。

比如，经常有学生问我："平常考试的成绩总是不理想，我该怎么办？""感觉上课老师讲得有点快，我有时跟不上，怎么办？"但是，问这些问题的孩子，身边总是会有家长在小声提醒，告诉他们应该问什么问题。家长想问的问题，真的是孩子想问的问题吗？

很多孩子一直活在别人的看法里，习惯性地压抑真实的自己。比如，别人希望你是一个很乖巧、很听话的女生，你就努力要求自己活成别人所希望的那个样子，以至于忘了自己应该去做什么。实际上，这就是精神上的不自由，孩子并不是不知道自己是谁，更不是没有发现自己的能力。

我希望所有的同学在中学时光，都能活成自己想要的样子，这才是精神上真正的自由和觉悟。只有你真的知道自己想要什么，自己处在什么样的人生阶段，你才能真正明白自己为什么要学习，才可能把全部的精力集中到学习和考试上。而不是遵从别人的指指点点，活成自己最讨厌的样子。不要等到我这个年纪，还不是很明白自己——将来要活成什么样，做一个什么样的人，要去做怎样的事。首先要让自己在精神上觉醒，活出自己的样子。想尽一切办法去实现分数和精神上的自由。等你实现的那一刻，你就知道接下来该去做什么了。

高三阶段，家长只需做好两件事

近两年流行一个词，叫作松弛感。大意就是顺应自己、悦纳自己、善待自己，积极调整好前进过程中的状态和节奏，让内心得到真正的舒适。虽然"松弛感"这个词主要流行于职场，但我觉得高考生更需要松弛感。谁能把自己的状态在高三调整到最好，谁就能在考场上更胜一筹，而对考生来说最好的状态就是松弛感。因为人只有在心态最为平和、放松的状态下，才能发挥出最高的水平。在我带过的考生当中，那些心态稳定的孩子，往往能够在高考时超常发挥。不过，很多家长并不这么认为，他们看到孩子的成绩出现波动，就会非常着急。实际上，这种做法不但自乱阵脚，也会对考生的备考产生很大的负面影响。

举个例子，玲玲今年上高三，她的数学成绩一般，英语又在最近的考试中考了七八十分，让妈妈特别着急，一直找数学老师给她补习，但玲玲并没有很大进步。玲玲妈妈还让孩子多做阅读理解，但因为玲玲的单词量很少，经常由于看不懂文章而做不对题。为了扩充孩子的单词量，玲玲妈妈每天督促孩子背英语单词，但玲玲就是不想背。作为家长，为了帮助孩子，玲玲妈妈只能做到这些。看到孩子的成绩一直没有起色，她只能向我求助，问问我有没有什么好办法。

对于玲玲妈妈的这些做法，我用两个字评价："没用"。因为家长的这些行为，除了增加孩子的压力和紧张感之外，并不能起多少正面效果。

对于上高三的孩子，家长需要把两件事情做好：第一件事，给孩子做饭，确保营养充足；第二件事，注意观察孩子情绪的变化。如果发现孩子情绪出现波动，比如有一段时间情绪比较低落，家长先不要急于开口或采取行动，而是要先观察一到两天。如果一到两天后，孩子的情绪有所缓解，那就当作没事发生；但如果过了这段时间，孩子的情绪没有改善或者有恶化的迹象，这时双方可以坐下来，像朋友一样聊聊天，共同疏解情绪。

如果聊天仍然解决不了问题，家长可以联系学校的老师或班主任，具体了解孩子情绪低落的原因是什么，然后再根据具体情况解决问题。在高三阶段，父母能做的主要是这些。因为随着年级的升高，孩子的学习内容越来越专业，父母能够给予的指导也越来越有限。例如，家长让孩子查阅词典中的某些单词，但这些单词不一定会在高考中出现。与其让孩子浪费时间记忆这些单词，不如让他们做些其他更有意义的事情。孩子如果不记这些单词，会觉得对不起父母；如果记这些单词，又觉得没有必要，这会让孩子感到为难。

因此，孩子上了高中以后，对于学习上的具体事宜，家长尽可能少操心。例如，数学、英语应该怎么学，这类技术层面上的问题可以让孩子自己把握。高三阶段，家长只需确保孩子的身体健康，调节好他们的情绪状态，其他的事情让孩子自己处理。即便孩子向你请教如何学英语，你也可以坦诚地说自己不知道，需要找一个专业人士来帮助解答。请记住，学习问题应该找专业人士解决，而学习之外的问题则由家长来处理。当孩子的身体状况良好，情绪状态饱满时，学习成绩的提高自然就有了坚实的基础。

冲刺阶段，孩子不自律，怎么办？

自律的底层逻辑是自己对自己的要求

有些家长会说："不管孩子的学习我实在不放心，因为孩子不自律啊！"比如，有个家长在孩子读高三，准备高考冲刺时，干脆住在孩子的学校附近。孩子每天跟着母亲睡，孩子睡着之后家长才睡得着。孩子每天晚上对妈妈说："哎呀，妈妈，我明天早上六点钟起来背单词！"但是，早上的闹钟一闹，他又起不来。哪怕家长从六点钟到六点半，不停喊孩子起床，他都没办法起来。最后家长都懒得发火，只能不断批评孩子不自律。

在我看来，想要孩子自律，首先要明白一个人的自律是如何养成的。

自律的底层逻辑是——自己对自己有要求。那么，一个人是如何对自己有要求的呢？用一句话概括，叫作：知耻力行。打个比方，孩子早上六点钟应该起床，他原本想要起床但没起来。家长揪着这个事情，唠唠叨叨两三天，他还会为自己这样的行为而不好意思吗？当然不会。家长的唠叨反而让他自己开解了。他会想，我是没起床，但我妈骂了我呀。所以，自律不是靠说教或批评能养成的习惯，而是需要自己去做。

当孩子说："妈妈呀，明天早上六点钟一定要把我叫起来。"你说："没问题，这个事儿就交给妈妈办好了。"

第二天早上六点钟，你去叫孩子起床，他可能真的没起来。过五分钟你再叫一叫孩子，可能他还是没起来。那么到六点半的时候，再去叫孩子，终于起来了。孩子来得及背单词吗？可能今天来不及背单词了，但是你要告诉孩子明天争取起床背单词。可能第二天还是没有起来，那就第三天再叫孩子起床背单词。在这个过程当中，他没有实现自己的目标，但是妈妈永远不放弃。孩子会觉得，多好的妈妈呀，看来我不能太由着自己了，就是咬着牙我也得爬起来背单词。

而且，家长也要学会站到孩子的角度考虑问题。比如，孩子每天晚上都学习到十二点才睡觉。从一个人正常的身体状态来看，经过每天十多个小时高强度的学习，人必然处在非常疲劳的状态。这时候再要求孩子必须每天六点起床，这种做法显然不现实。

正确的处理方法就是家长以身作则，逐渐让孩子对自己严格要求。只有真的唤起了孩子的主观能动性，才可能用意志力战胜身体上的疲倦，做到真正的自律。所以，要用变化的眼光去看问题。我们要始终相信，每一个孩子的内心都向善，都向往积极。只不过出于各种各样的原因，要做的事情没有成行。我们要给他一点点时间，再给他一点空间。有的事情是能做但不能说，需要家长身体力行，孩子自然会受到带动。

疏解情绪要顺势而为

很多人把高三看成洪水猛兽，我反而觉得高三没那么可怕。从早期背单词这件事情来看，高考的成绩并不在于多学 10 分钟或半个小时。如果孩子主动提出，要求家长每天六点喊他起床，但家长做这件事情不利于孩子的休息，所以应该做的反而是要孩子多睡一会儿。因为家长需要保证孩子的身体健康和情绪稳定，多睡一会儿可以让孩子的身体更健康，家长反而不应该让孩子过早起床。家长将心态摆在这个位置，才是在帮助孩子渡过高三的难关。

如果孩子要早上六点钟起床，你五点半就把他叫起来，这反而是在害孩子。你的工作是让他身体好，这样做身体怎么能好起来呢？要吃好睡好，五点半叫孩子起床就是家长越位了。如果孩子想"我六点钟不行，我得五点半起"，家长则想"六点钟太早了，成年人睡 6 个小时才够，孩子得睡到六点半"。正是因为孩子和家长彼此之间的拉锯，这件事情才能够做成做好。如果家长认为孩子应该凌晨四点钟起床，孩子醒了之后会说："哎呀不行，我应该六点钟起床，今天太累还是睡到六点半。"这样反而会起到适得其反的效果。

每个人都应该想自己该想的事情，而不是家长越位去想孩子该操心的事情。高三的家长要做的是思维上的调整，给自己划定一条底线。底线是什么？就是高三整个复习的过程当中，多学 30 分钟和少学 30 分钟，对于最终的结果没有实质的影响。当把这句话记住的时候，你就知道你最应该做的是什么，应该怎么去做了。千万不要把孩子逼得睡眠不足，甚至神经衰弱，最后因为高考搞得孩子身体不好，情绪很糟糕，神经很紧张。当孩子的思维不能够真正地活跃起来，即使他在书桌前坐半个小时，也不如别人聚精会神地学习三分钟。

当孩子主动要求熬夜，增加学习时间，这反而比家长要求他加长时间学习效率高很多。作为家长，就是要通过保障孩子的身体健康，疏解他的情绪，达到孩子主动学习的目的。

疏解孩子的情绪，也要学会顺势而为。比如，月底要考试，孩子感觉他最近有点紧张。你说："你紧张什么？有什么可紧张的！"这只会起到反面效果。你可以说："高三的时候哪有不紧张的呀，这是正常现象。你像平时做作业那样，放平心态去考试就可以了。"这样顺势而为处理孩子的情绪，站在他的角度去看问题，效果反而会更好。

重新激活学习的动力

你身边有没有这种孩子？平时不怎么学习，看似对学习完全没有热情。但是有一天，忽然就像开了窍一样，开始拼命地学习。是什么原因让他们的态度发生这样大的转变呢？我觉得，刚刚开始上学的时候，每一个孩子都愿意去学习。受到某种机缘巧合的因素影响，孩子变得不爱学习了。后来又受到一些因素的影响，他又开始奋斗，这才是不爱学习的孩子重新激活学习的动力的全过程。为什么会出现这个现象呢？通过观察发现，孩子在四五年级的时候，有一个隐性厌学的阶段。在初二前后，这种隐性厌学会变成显性的厌学。

举个例子，有一个高三学生的妈妈连麦咨询我，她说："李波老师，我家孩子在小学、初中都挺乖，挺认真，也挺努力的。

中考的时候，考进我们本地一所还算不错的高中。但是到了高中之后，尤其是高一上学期大约11月，明显感到孩子在学习的时候没那么使劲了。老师也告诉我，她上课的时候就趴在桌子上睡觉。高三上学期的摸底考试，满分750分，她只考了300分左右。这比她高中入学时候的成绩，下滑了一大截。但是，最近一段时间，孩子的成绩又开始往上走了。"

我问："为什么往上走了呢？"

她说："她其实也没怎么努力，只是给我提了个要求，让她经常看一看您分享的方法。"

这个孩子因为某种机缘巧合，看到自己的妈妈正在看我的直播和短视频，觉得我说得挺在理。于是，她和妈妈每天都会抽出一些时间观看我分享的内容。在这段时间里，这个孩子并没有在数学、英语等具体学科上下太大的功夫，但她的成绩却有了明显提高，两个月后成绩提升了50分！

我们来回顾一下，为什么这个孩子从高一11月到高三，将近两年的时间里不太愿意学习呢？原因很简单，她在高一上学期学习时遇到了压力。升入高中后，由于高中阶段的学习内容对学生的思维能力提出了更高的要求。可能其他孩子听老师讲一遍就能明白，甚至有的孩子能够做到老师不讲，自己看书就能理解，而这个孩子则需要老师多讲几遍。

但是，在高中阶段，学科较多，老师的教学任务较重，无法专门针对孩子的情况进行指导。这就导致孩子在上课时听不懂，之后做作业和考试时感觉非常困难。因此，她的成绩必然会持续下滑。成绩不断下滑，孩子和家长都不知道该怎么办，孩子会开始质疑自己是否很笨，是否智力有问题。再加上进入高中，孩子会产生一些从前没有的思考，比如对人生、前途和未来产生困惑。这就形成了一种自我限制，不仅在学习上不再努力，脑海中也开始胡思乱想。

为什么高三时，孩子无意间看到了我分享的教育理念后又开始努力了呢？因为她发现这个世界上还有人真正理解她，明白她内心的所思所想。同时，这些理念还能为她面临的挑战提供解决方向。尽管高三前她每天回家，但内心却感到非常孤独，这种状态持续了两三年。这段时间里，她在学业和人生方面的困惑无人可诉。许多人认为失去学习动力的孩子首先面临的是人生意义的困境，然后才是学业问题。实际上，这类孩子往往是先遭遇学业上的困难，进而产生了对人生意义的困惑。

要解决这个问题，首先要帮助孩子解开在人生意义上的困惑，然后再着手解决学业上的难题。我在短视频和直播中分享的内容，为她提供了人生方向上的指引。回想我的青少年时期，对我而言最重要的是那些愿意与我探讨人生意义的老师。在我做老师的经历中，我发现与学生讨论人生的价值远比仅仅谈论学业更有意义。因此，许多家长和孩子听了我的分享后，在家庭内部建立了沟通和共鸣的氛围。这样的氛围一旦形成，父母和孩子之间就会形成合力。父母更能理解孩子为何会遇到这些问题，也能更好地体谅孩子的处境，这份理解给予孩子极大的关怀。正是这份关怀让父母和孩子的心更加紧密地连接在一起。

我还分享了许多思想和观念，让父母能够学习并传递给孩子。在父母和孩子共同学习的过程中，他们可以一起探讨各种问题。这样，彼此之间就形成了一个良性循环，家庭也因此增强了凝聚力。在情感和思想层面上达到一致。设想一下，在这样温馨的家庭环境中学习和生活，孩子怎么会失去学习的动力呢？

我不是说自己的观点有多厉害，相反，我只是建议家长们做自己最该做的、最基本的事情而已——理解孩子，读懂孩子的想法。

只是很多时候，家长和老师喜欢命令孩子，常常对孩子发号施令，让孩子必须这样或者必须那样。孩子觉得老师和父母不懂自己，只能独自在困境里挣扎，在困境里挣扎就像落水的人不停在水里扑腾，父母站在河岸上面指手画脚，抱怨孩子为什么还不好好学？怎么还不拿到好分数？

因此，那些重新找回学习动力的孩子，并不需要在学业上花费太多额外的时间就能取得显著的进步，关键在于他们已经想清楚了很多人生层面的问题，明白了自己当前所做的一切究竟有何意义。只要孩子有所领悟，即使是在高三阶段也不算太晚，高三完全可以成为他们人生和学业的新起点。最令人担忧的是孩子到了二三十岁还没有觉悟，那就真的有些迟了。当一个孩子开始觉悟人生的意义，他一生中最大的困惑就已经被解决了，自然会重燃学习的热情，并且大步向前迈进。我们只需给予一些具体的学业指导，他们的高考成绩就会非常出色。

实际上，不爱学习或不上进的孩子没有我们想象的那么多，关键问题在于作为父母，我们往往不了解孩子正面临着怎样的困境，无法给予他们有效而实质性的指导。

如果父母和老师能够做到理解孩子的处境，并且给予足够的支持和指导，每个孩子都是好孩子，都可以觉醒。对于那些因为某种机缘巧合不学习，又在觉悟之后重新开始奋斗的孩子，父母和老师一定要尽最大的可能去给孩子创造一种机缘，让他这个人发生一种变化。因为人对了，学习才能对，学习对了，分数才能对。

三步治好拖延症

有些家长问我："李波老师，我家孩子也知道自己应该做什么，但是在行动上迟迟不去做，总是拖延，这个毛病应该怎么改？"

其实，这个问题看似是孩子患上了"拖延症"，实际上根本问题在于三个字：意志力。很明显，做事情喜欢拖延的这一类孩子，他的意志力比较差。每一个孩子的能力差别并不大，心里所想要得到的那个东西区别也不大，面对自己人生的未来，都希望自己的各科分数都特别高，拿一个很好的名次，将来能够考一个好学校，老师、同学、父母能把自己捧得高高的。但是，从现有的能力出发，走到他们所憧憬的位置，这个过程中间是有一段距离的，这一段距离需要付出很多心力、体力。

一个人从自己的当下出发，去追求自己渴望的目标时，首先需要提振精神，激发内心的斗志，这需要付出心力。然而，许多孩子在这方面做得不够好，主要是因为他们的意志力较弱。

很多家长说："李波老师啊，我家孩子可懒了，他真是不想学习。虽然嘴上总说要努力，但是总不去行动。"其实，这个孩子并不是身子懒，而是他的心懒。总是打不起精神来，更提不起气来。有的家长说："李波老师，你说这个问题该怎么去解决呀？如何能让孩子有意志力呢？"

作为家长，首先得让孩子把心里那股子气提起来，把精神打起来。办法很简单，只需要用一句话：情绪是被感染出来的。换言之，我们要让一个孩子打起精神来的办法是，通过你的情绪把他的情绪给感染起来，用你的情绪把他的激情燃烧出来。

想要提起自己的心气其实并不难。比如，我每天给大家拍视频分享家庭教育的知识，有一天感觉状态有点不好，如何让我的状态再好一点呢？我会放一首音乐，或者看着镜子和对面的我说："李波，你赶紧跳起来。"然后，我就跳一下试试，整个人的心气就不一样了，精神面貌也会焕然一新。所以，要想提起孩子的心气，把精神打起来，其实就是让他的精神保持单纯的过程。而精神保持单纯是一个选择问题。选择依赖于外界的环境，是一个人对另一个人情绪上的一种感染。

当我满脸疲惫地瘫坐在沙发上，对你说话的时候，你肯定会觉得："李波老师，你看起来怎么这么颓废啊，和你说话我整个人都不好了。"如果说我换另一种状态去说话，身姿挺拔，声音洪亮，满面春光，很有激情的样子，你会说："李波老师啊，和你说话我觉得充满了干劲！"这就是情绪之间的感染，通过你的情绪的感染，一个人的精神开始单纯了。精神单纯的时候，心气也就提起来了，精神也打起来了。

因此，治疗拖延症首先要培养意志力，而培养意志力的第一步是让心提起来，第二步是让身体行动起来。只要心提起来，身体也会随之活跃。家长可以让孩子们做一些简单的重复动作，力度稍大一些。先不要急于让他们动脑，而是让他们的身体参与到简单、重复且强度较高的活动中去。

有一些孩子，在气氛热烈时，思维也会比较活跃，那么在开始写作业之前，如果精神比较萎靡，家长可以把音乐打开，放上类似《赛马》那样激昂的曲子。音乐响起来之后，你带着孩子用赛马的姿势跑一跑，或者随着音乐跳一跳。孩子的身体动起来了，就像是做了一场热身运动，精神和思维上也不再消沉，大脑也开始机敏起来。这个时候，孩子处于昂扬的状态，对自己接下来要做的事情会有一种憧憬，此时再去写作业，就能够更有信心地完成。

完成了第一步，让孩子的心气提起来，精神纯粹起来之后，下一步是通过家长的帮助让孩子达成自己的目标。否则，孩子可能会感到，尽管付出了巨大的努力，甚至在这个过程中显得有些傻气，最终却没有得到想要的结果，他会质疑这样做是否有意义。在深夜独自一人时，孩子可能会反思，认为自己的意志力不够坚定，总是听从父母的话，觉得自己很傻。因此，家长应该通过自己的努力，甚至是悄悄地帮助孩子实现目标。

当孩子看到目标得以实现时，他会意识到调动自己的情绪和身体，全身心投入地控制自己的行为以实现目标是有效的。因此，在未来做事情时，他还会采取同样的方式。一旦孩子成功了一次，他就会有信心再次成功，逐渐形成自己的习惯和行为模式。你会渐渐发现，孩子的意志力变得越来越顽强了。

假期期间，家长可以利用这种方法来培养孩子的意志力，努力克服拖延的习惯。别再抱怨了，赶快行动起来吧！

遇到"晚熟"的孩子，
尊重他的成长规律

养育孩子，如同酿酒

刚刚结束期中考试，小侯的妈妈火急火燎地来咨询我。她感觉孩子进步太慢，继续这样下去肯定要掉队。想让我帮忙想想办法，看看这孩子还有没有救。

小侯的期中考试各科成绩相较于月考都有所提高，但进步幅度不大。小侯的母亲为了让小侯取得更好的成绩，强迫小侯制订了一份详细的学习计划。她认为孩子要想获得高分，至少应该对自己的学习有一个明确的规划。在母亲的监督下，小侯为所有科目制订了一个详细的计划。

小侯知道要努力，但是他母亲一直觉得小侯成长太慢，学校竞争这么激烈，必须快马加鞭才可以，绝对不能输在起跑线上。一旦小侯的成绩稍微有点停滞不前，他的母亲就会陷入焦虑。

小侯母亲的焦虑真的有必要吗？

我认为，每个孩子的发展都有自己的时间表和成长的关键节点。例如，有些孩子会较早地开悟，而有些孩子则会稍晚一些。从小侯的情况来看，他应该在高中阶段开悟。因此，在小学和初中这几年里，只要小侯能够按照现有的节奏逐步前进，就不必过于担心。从整体意义上讲，这是在为他 15 岁之后的开悟积累一些素材和能量。孩子的成长很像酿一坛酒，本来女儿红要埋在地下 18 年，只有经过长时间的珍藏，味道才会特别棒。但是，你如果总是着急，藏了 10 年就把酒挖出来了，虽然还是那坛酒，但味道和酿了 18 年的酒相差很多。

培养孩子的底层逻辑和酿酒是同一个道理。孩子就像不同品种的酒，都有属于自己的成长时间和周期。很多家长喜欢拿自己的孩子和其他孩子对比，总是觉得其他孩子从小就显示出了聪明和机灵，自己的孩子很差。但是，有些孩子开悟比较晚，他的智慧还在里面藏着，并没有过早地展现出来。如果把时间线拉长三年的话，你会发现其他孩子的灵性会逐渐消失，而你的孩子的灵性才刚刚冒头。

孩子进入初一之后，不再是一个儿童了，而是开始成为一个少年或者少女。进入青少年阶段，很多孩子的心智并没有完全成熟，还存在着各种不完善。作为父母，应该如何开导孩子呢？

晚熟也是福气

我经常对我的孩子说："爸爸跟妈妈希望你们的儿童期能够再长一点，你晚熟也是我们的福气。"这就像我们成年人进入社会之后，会感觉人生很难，也很辛苦。孩子从童年到少年，也会有着同样的经历和感受。作为家长，过早地让孩子卷入世俗的竞争，让他过早地接触世界的阴暗面，这真的好吗？我认为这未必是好事。因为孩子正处于人生观、价值观和是非观形成的关键时期，过多的负面因素会对孩子的心灵造成不良影响。

所以，我们要尊重每一个孩子的自然成长规律。有些孩子，他的底子注定了他要比别的孩子晚熟一点。这是大自然对他的一份馈赠，我们应该欣然接受这件事。

我教书育人 20 年，接触过很多孩子，其中一些随着年龄的增长，从小学到初中、高中乃至大学，发展得越来越好。大约八成孩子随着年龄的增长，心智会趋于稳定，很难再有太大的变化。只有两成或者更少的孩子会持续向上发展。俗话说"不怕慢，就怕站"。开始时走得慢一些无所谓，最怕的是停滞不前。

举个例子，在中学阶段，有些孩子可能在能力发展方面较为缓慢。他们甚至难以理解地理、历史和政治课程的内容。这表明他们的文化积淀还不够深厚，也说明他们的心智还不足以应对如此复杂的概念。文化程度与思想密切相关，如果他们的文化积淀尚未达到开悟的程度，那么就难以建立起成熟的思想体系。老师传授的知识本身并不难理解，但对于心智发展尚不成熟的少年来说，要把握知识背后的深层含义却非常困难，他们既难以掌握也无法意识到这一点。如果你的孩子暂时还不具备这样的能力，家长着急也没有用，不如耐心等待。

孩子心智的成长和身体上的成长一样，都不是着急能解决的问题。三个月的时候，孩子能够坐起来，八个月大则能爬行。你不能让他三个月的时候走路，他的身体发育没有到那个时间节点上。当孩子达到那个年纪，即使别人不教这个能耐，他也能够做到。

每一个人来到这个世界上，都有自己的发育和生长的规律。我觉得，孩子的成长还是慢一点好，每一步都能走得扎扎实实。

以自己为例，我今年 40 岁，直到最近两三年，现实感才强了那么一点点。我才计划着去给更多的家长分享教育经验。在这个时间节点之前，我完全没有感觉到这些概念。

但是，如果我没有在教育行业里花费二十年的时间，以纯粹的态度提升自己的能力和积累底蕴，就不会有今天对教育的深刻理解，以及对人性的精准把握，更不可能达到现在的高度。这些知识和教育方法都是长时间积累和思考的结果。如果我跳过了这个过程，孩子和家长们还会愿意听我讲课吗？他们会觉得我讲得太肤浅了。因此，我走过的每一步都不是徒劳的，孩子刚开始时慢慢走，不必着急。家长越是焦虑越可能对孩子造成伤害，只要孩子在进步，积极向上，那就是一件好事。只要孩子的智力没有问题，通过持续不断的努力和积累，总会迎来开窍的那个时间点。

开悟是个渐进的过程

也许有些家长会说，我家孩子确实很努力，他知道勤奋和用功，但总觉得他在表面努力。无论是学习成绩还是学习效率，都没有明显的提升。实际上，并不是孩子想要表面努力，而是即便他付出了很大的力气，外在的表现仍然显得浅薄。开悟确实有顿悟和渐悟之分，但能够顿悟的人寥寥无几，大多数人的开悟都是一个渐进的过程。你不能强行改变孩子的思维方式，就像不能硬掰开孩子的脑袋，用手揉成你想要的样子。就像一棵树上结出的苹果，需要经历很长时间，果实的酸味才能转化为甜味。你可以给苹果表面涂抹催熟剂，但这样做结出的果实肯定不是原本的味道，外表或许成熟了，但内在的韵味却缺失了。

有些家长会担心，如果孩子迟迟不开窍，这种状态持续到中考，考不上理想的高中该怎么办？我认为这种担忧大可不必。当孩子进入初三后，你会发现他的外貌和心智都会有所变化。家长不必过分焦虑，因为事情总会有解决的办法。我一直坚信，每个人都有属于自己的命运和福气。对孩子来说，最大的幸运和福分莫过于拥有爱护他们的父母。父母需要给予孩子足够的关爱，这样即使中高考的结果不是很理想，孩子仍然有很大的机会成为一个心理健康的人。相信未来的道路也不会因此而变得太艰难。

所以，对于晚熟的孩子，家长不应有心理压力，更不应将这种压力传递给孩子。让孩子快乐地学习和生活，顺利度过初中这几年。初中毕业后，到了高中就会有明显的变化，晚熟的孩子往往越往后发展得越好。有些晚熟的孩子受家长的影响较大。如果孩子的家长也比较晚熟，那么孩子早慧的可能性就较小。但是，根据我的观察，晚熟的孩子在长大后过得并不比别人差，甚至过得比同龄人更好。所以，何必急着跑那么快呢？要一步一步稳稳地走，因为只有先稳住，才能越走越快。

学习的过程是个开悟的过程

你是否有这种感觉?

在很长一段时间内,头上都好像笼罩着一团乌云,总是昏昏沉沉的无法集中精力。你坐在教室和同学们一起上课,课后作业一题不落地完成,看上去学习很努力,但考试分数迟迟无法提升。好像自己所有的"灵气"都被一块破抹布盖住了,怎么也发挥不出来。

造成这种学习状态的原因只有一个:你还没有开悟。

我常说,学习的过程是个开悟的过程。没有开悟的学生就像蒙着眼睛的旅行者,沿途多么美丽的景色都无法看见。想要提高分数,首先要做的是开悟。

有些家长对孩子说，现在成绩不好不要紧，过几年就开窍了。好像只要孩子的年龄不断增长，他就一定会迎来开窍的那个时间节点，是金子总会发光。不过，他们忽略了一点，如果一块金子始终被抹布盖住，即使过一万年也无法发光。

有些悟性高的学生可以通过自悟达到开窍的状态，但这只是很少一部分。大部分学生都是资质平平的普通人，必须有明白人点拨，才能拨云见日。

那么，怎样做才能开悟呢？以下三个步骤非常重要。

第一步：确立明确的目标

三军可以夺帅，匹夫不可夺志。

一支军队没了统帅，顶多再换一个。一个人如果没了目标，就只剩下一副躯壳。所以，我常常跟我的学生讲：定位不同，未来不同。

是否有目标对一个人的影响有多大呢？举个例子，我教过一个叫芳芳的学生，她把电子宠物带到了学校，上课的时候趁老师不注意，经常拿出来摆弄。我发现之后，帮她把电子宠物收了起来。芳芳在课间找到我，央求我把电子宠物还给她，且一定不要告诉她的家长。

芳芳的考试排名一直在班里中等偏下，这个孩子的主要问题是：从未对自己当下的处境以及将来的目标做严肃的思考。

所以，孩子在上学的时候也就得过且过了。

我对她说："老师可以还给你，但不是现在。你能在期末考试中排在全班前十，我就把电子宠物还给你，而且不告诉家长。否则，我一定会把你的家长请到学校来。"芳芳听了连连点头。从那之后，她确实有所转变，不但上课听讲十分认真，作业也能按时完成，还经常跑到老师办公室请教问题。通过一学期的努力，她从一个后进生变成了名列前茅的优等生。

由此可见，虽然芳芳之前从未考虑过自己的未来，但她可能只需要确立一个简单明确的目标，就可能焕发出不可估量的能量。一个从不计划将来的孩子，在有了目标之后会感觉自己有无穷的力量，就像一座即将喷发的火山。她会感到这是改变自己的机会，必须做些什么，才能改变自己的现状。

确立目标只是开悟的第一步，很多学生确立了目标，并且为了实现目标而努力，但总是够不到开悟的点。比如，有些同学为了提高自己的写作水平读了很多书，但落笔时发现还是不会写作。这是为什么呢？原因在于没有把书本上的知识内化，不能融会贯通。就像一个饿了很久的人，吃了一堆汉堡包，结果身体没法吸收而造成消化不良，起到了适得其反的效果。

这就需要实施第二步：目标流程化。

第二步：目标流程化

目标流程化的核心在于，将感性的目标拆分成可实施的步骤，而不是眉毛胡子一把抓。

回想一下，在每个学期开学时，我们是不是都会设立很多目标？比如，年级排名要达到多少名，每个科目要提高多少分等。但是，在期末总结时会发现，这些目标基本没有实现。因为这些所谓的"目标"大多停留在感性阶段，都是"我要怎么样"，而不是"我要怎么做才能实现目标"。即使制订了计划，也只是一些比较笼统的框架，没能规划出具体操作的步骤。

想要解决这个问题，必须少一些感性思考，用流程化思维拆分目标，找到问题并逐步解决问题。就像你要把电脑打开，应该怎样操作呢？第一步，把电源插上；第二步，把开关按一下；第三步，输入用户名、密码。操作完毕之后，就可以用电脑工作了。

想要达到学习目标也是如此，不要给目标掺杂太多不相干的东西，而要把目标简化成具体问题。比如，你想要考哪所大学？这所大学的录取分数线是多少？每门科目需要多少分？你要达到这个分数，总体需要提升多少分？每个科目要提高多少分？需要掌握的知识点有哪些？学习每个知识点需要花费多长时间？等等。这就是把目标流程化，拆分成一个个需要解决的问题，进而针对这些问题，再实施切实可行的步骤。

我辅导过一名叫小言的学生，他的高考目标是南方一所211大学，但是分数差得很远。分析小言的学习情况之后，我发现影响他分数的主要科目是数学。他必须把数学从不及格，提升到130分左右，否则不可能考上这所学校。

从小学到初中，小言的数学成绩一直名列前茅。但上了高中之后，他的数学成绩一落千丈。甚至在高三之前，数学从来没及格过。而他的数学成绩之所以一落千丈，肯定是因为他有很多知识点没有掌握，或者在几个关键的知识点上卡住了，这才影响了后面的学习。于是，我帮助他梳理了高中的数学知识点，发现他对于函数、导数等很多知识点不理解。而这些问题又没有在学习的过程中得到及时解决，这才导致他的数学成绩一直很差。

小言在掌握了这些知识点之后，发现数学其实也没那么难，只用了半年多的时间，数学就提升了几十分。

像小言这样的学生比比皆是，他们往往有着比较明确的目标，但并不知道该如何实现这个目标。现实和目标之间好像隔着一座大山，怎么也翻不过去。要把自己的现状梳理清楚，找到问题所在，才能发现解决问题的方法和步骤。就像山中的小路往往都藏在一片片的杂草和密林当中，只有披荆斩棘把这些障碍物清理干净，才能翻山越岭一路畅通。

第三步：积累后的升华

在完成第二步的目标流程化之后，想要开悟还需要迈出第三步：积累后的升华。

现在很多老师和家长经常鼓励孩子创新，认为只要孩子发挥天性，创造力自然会被激发出来。事实真的如此吗？

开悟是个由量变引发质变的过程，只有积累到一定程度，才能达到顿悟的临界点。所以，我常常跟学生们讲：课本是根本，重复是关键。具体到学习和考试当中，我们在明确了目标、厘清了问题和解决问题的步骤之后，需要做的就是踏踏实实积累。

作为一名学生，最需要积累的是什么呢？并非那些偏题、怪题、难题，而是基本功。基本功包括三个方面：基本知识、基本方法，以及基本思想。

基本知识通过对课本的扎实学习就能到位，这样下来，即便是学习基础一般的学生也能使得自己在一所一类中学里面走到中游的位置。

基本方法通过对课本以及老师上课所讲解的问题的总结归纳就能到位，这样下来，无论是在小学还是在初中阶段，都能使得自己至少保持在中等偏上的位置，甚至可以达到上游里的中偏下位置；如果是在高中阶段，放在一所一类中学里也能达到中等偏上的位置。

基本思想的形成相对较难。学生首先需要把已经解决过的问题进行分类，再找到这些看似不同的问题背后的相同之处，也就是多题归一，而后把这样的相同之处用文字归纳出来，再拿着总结出来的经验尝试解决新的问题，并在此过程中重复之前的过程。

当然，不同层次的学生在基本功积累上的重心是不一样的。结合学生的基本功，我把他们分为四个层次：混沌、灵感、经验，以及直觉。混沌类的学生积累的重心在基本知识，灵感类的学生积累的重心在基本方法，经验类学生积累的重心在基本思想。

从混沌到灵感的跨越需要的是大干快上，需要的是体力上的付出。前期的进步很明显，中后期的进步会变得慢一些，这个时候需要的是坚持，但凡能坚持三个月左右，基本都能初步到达灵感层次。若能坚持五个月左右，就能达到完全的灵感层次了。

从灵感到经验的跨越需要的是按部就班，需要的是只问耕耘，不问收获。前期的进步会显得比较慢，甚至原地踏步，所以才要有只问耕耘，不问收获的心态，但凡能坚持三个月左右，会有一个大的进步，会让自己接近经验层次，无论是在课堂听讲上，还是在解题时，都会感觉大脑很清爽。解题速度快，准确率高。若能坚持到八个月左右，就能达到完全的经验层次了。

从经验到直觉的跨越需要的是心境的调整，需要的是心要慢，手要快。只要这样做就会有进步，做的时间越长进步就越大。

"实在孩子"的苦恼

　　有这样一些孩子，他们是老师眼中的"小透明"，也是同学的"出气筒"。这样的孩子甚至可能会因为受不了校园霸凌，做出让人后悔的举动。

　　我们从小要求孩子要听话，似乎越实在越能得到父母和老师的关爱。但是，无原则的实在，只会给孩子造成更多的困扰。因为人善被人欺，马善被人骑。真诚、踏实是好品格，但这和懦弱、自卑有着本质区别。

　　那么，该如何化解实在孩子遇到的困境呢？

　　我认为，需要教育和培养这些孩子遇事要有主见，这样他们才能成长为具有独立人格的人。只有真正具备了独立人格，才能完全感知外界的伤害，并且做出有效应对。而不是在受欺负时选择"随大溜",或者忍气吞声。

培养孩子的独立人格,并不能仅仅依靠简单的说教,而是需要用正确的方法引导孩子逐渐成长。

我经常用正念练习法帮助孩子建立独立人格。正念练习法主要由三个部分组成:

聚焦注意力

实在孩子总是被欺负,有个共性原因是其他孩子觉着这类人好欺负。比如,你捏别人一下,可能会招致反击或者警告。但实在孩子可能会选择躲闪或默默承受。霸凌只有一次和无数次的区别,一旦霸凌者觉得实在孩子好欺负,就会不断对他施暴。

为什么实在孩子会让人觉得好欺负呢?因为他们的注意力总是处在游离状态,没法把自己的精气神凝聚起来。这样就显得很软弱,没有反抗的力量。所以,正念练习法的第一步,就是要让孩子凝聚自己的注意力。

我们需要始终记得:实在孩子不是没有能力凝聚自己的注意力,只是没有意识去凝聚自己的注意力。

让实在的孩子开始有意识地凝聚自己的注意力,并不是通过思想层面上的沟通,而是具体行为上体验,借助体验的过程让他的身体感觉到什么是凝聚注意力。这样下来，他就能慢慢把握自己的意识了，能意识到自我的存在，也正是在这个过程中，他的独立人格才能建立起来。

凝聚注意力最好从感知自己的身体开始。可以坐着，也可以躺着，闭上眼睛，把自己的注意力放到自己身体的某个具体的部位上。比如：闭上眼睛去想自己的手，告诉自己"这是我的手"，并花费一点时间停留在手上；过上一会儿，去想自己的胳膊，告诉自己"这是我的胳膊"，并花费一点时间停留在胳膊上。

随着这样的体验越来越多，时间越来越长，我们就会发现实在孩子的眼睛变得越来越亮。这个"亮"就是他的自我，是他的独立人格。

在这个基础上，让他学会有意识地用力。我在自己的教育过程中，经常会让实在的孩子体会把手掌放在墙上，而后体验慢慢用力的感觉。

在这种体验坚持一段时间之后，我会在慢慢用力的基础上让他体会用力的快感。我在教育过程中，经常会让实在的孩子收腹、咬牙、眼睛透过眼睫毛往外看，同时用双手用力地打节拍，脑袋也配合节拍前后或左右摇摆。

这样下来，实在孩子的精气神就能凝聚起来了。

激活感知能力

在孩子能够聚焦注意力之后，下一步就是培养他对外界事物的感知能力。人生是个体验的过程，有不同的人生体验相当于活了好几辈子。一个人只有体验过，才能够做得到。有些老实孩子看上去很木讷，而且身体很僵硬。这是因为他们的感知能力没有激活，导致对外界的体验不够敏感。我观察过一些被霸凌的孩子，当别人的拳头砸向他们时，他们甚至不知道格挡或者闪躲，只是站在那里挨打，很长时间才能反应过来，这都是感知能力不发达所造成的。

感知能力的缺陷也会反映到学习和人际关系上。学习时思维不灵活，与人相处时也会给人以生硬、刻意的感觉。当一个孩子在与别人打交道时的反应和其他人不同，很容易被周围的孩子视为异类并被孤立。从行为心理学的角度来看，人都有趋同心理。孩子也是如此。当他们发现有一个孩子和自己不同，下意识的反应是疏远，这会让实在孩子处于孤立无援的状态。个体一旦落单，自身又不够强大，对于外界的挑衅无力反抗，便容易遭到霸凌。所以，激活感知能力对实在孩子非常重要。

如何激活感知能力呢？

可以结合《风吹草动，风云飞扬》这首曲子，像鱼一样游一游。也可以参照太极中的"云手九"，前九次做云手动作，并在此过程中蓄积力量，为最后一次的迅速而精准的出手做准备。

还可以手持一条较宽、较长的丝带，让其随动作旋转。在这样的训练过程中闭眼体会人和物相处的顺滑感，坚持三到五个月，孩子就会感到自己的知觉逐渐被打开了，感知能力也慢慢变强。

我们常说，凡知觉处便是心，当孩子的知觉被打开，他的心智自然会变得独立。

有效引导

有些家长经常问我："李波老师，我每天都和孩子沟通，给他讲道理，希望他能学会独立思考，为什么没有效果呢？"这些家长犯了一个共性错误，那就是"无效引导"。

我们换位思考一下，假设你刚刚入职一份新工作，很多工作环节都没有理顺。这时，身边总有一个老员工，告诉你应当干这个，不许干那个。完全不考虑你的处境，只是一味地发号施令，还美其名曰都是为了你好。你对这位老员工是什么感受？我想，大多数人并不觉得有多大的帮助，反而会觉得非常烦躁。同理，每天对孩子讲道理的你，就像那位对你指手画脚的老员工，不仅做着无效引导，还可能激发孩子的逆反情绪。

家长要真正树立起孩子的独立人格，必须避免无效沟通，对孩子进行有效引导。如何有效引导孩子呢？我认为，引导需要身体力行。我常对家长说，引导孩子要"心贴心，肉贴肉"。你同孩子一起感受一个事物，共同体验一次活动，胜过一沓说教。

比如，我有一位学生，他的父亲在他小的时候在国外工作，不能经常陪伴孩子成长。在他的童年成长中，父亲的角色是缺失的。孩子上初中之后，开始进入叛逆期，总是在学校闯祸。即使孩子的父亲管教孩子，也起不了多大作用。

我给这位父亲的建议是，不要给孩子讲大道理，或者训斥孩子应该做什么。而应多花时间陪伴孩子，和他一起打篮球、看电影、读书学习，学会跟孩子一起疯。通过身体力行带动孩子的行动，逐渐弥补孩子童年时父亲角色的缺失。

这位父亲按照我的方法做了一年，孩子不但阳光开朗了许多，学习成绩也在不断提升。

相比于说教，身体力行地和孩子一起疯更能改变孩子的人生轨迹。时间能让人的生理发育，经历才能让人的心智成熟。想要培养一个心智健全的孩子，就必须和他一起经历，才能帮助他找出自己的问题，帮助孩子克服成长的困难，一起进步成长。

最后要注意的是，正念练习并非一蹴而就的行为，而是一个长期过程，家长和老师们切不可急于求成。你可以在孩子晚上写作业之前，和他一起做注意力与感知的训练。写作业之前练习 10 分钟，晚上睡觉前也练习 10 分钟。经过大约三个月的训练，孩子就会有生理上的正向反馈，这意味着他的感知被激活了。他在看待外部世界的时候，眼神能够聚拢起来，整个人也就有了精气神。

孩子进入初中后，他的精神世界加速构建。坚持正念训练，可以让他的内心更加强大。坚持训练两年左右，孩子会发生脱胎换骨的变化。不再是那个任人欺凌的老实孩子，而是有独立人格的年轻人。

第二章

阻碍你提升
成绩的症结

你怀疑过自己的学习能力吗？

"李老师，我上初二之后被分到重点班。现在来到这个班之后，周边的人都很厉害。有时候会有一点自我怀疑，我是不是学习能力不行，或者智商不够？为什么自己很努力，却总是不如别人呢？"

小茹很困惑地向我提问。

如果你也和小茹一样怀疑过自己的学习能力，我首先想问你一个问题，为什么你会自我怀疑？因为你看见了自己和别人之间的差距。但是，我们要从这件事情上看到积极的一面。我一直在说，希望大家成长的目标是"思想深刻、精神单纯"。精神单纯的意思是什么？就是事情有积极的一面，也有消极的一面，当你既看到积极面又看到消极面的那一刻，你应该选择积极的那一面。

从小茹怀疑自己学习能力的这件事情来看，它的积极方面在哪里？我认为，正是因为她看到了自己的不足，才有了更进一步的空间。

你想让自己变得更好吗？你希望自己能够像别人一样，甚至超越别人吗？当你看到别人表现优秀时，心里会有不平衡感吗？无论对你自己、你的父母，还是这个世界上的大多数人来说，当我们看到别人做得好，自己也想要变得更好的时候，就会产生一种特殊的感觉，这就是嫉妒。伴随着嫉妒，你开始努力。然而，现在你努力了三个月、五个月，却发现还没有别人好。你会有什么感觉？你会开始自我怀疑。大多数人都会有这样的想法，而你需要做的是接受这种状态，因为你正努力让自己变得更好。只是现在与别人相比，还有一些差距。

当你经历了自我怀疑之后，接下来要做的事情是什么呢？你唯一能做的就是尽自己最大的努力，把今天应该做的事情做好。人这一辈子，活的不是昨天也不是明天，而是今天。

我是从农村走出来的孩子。在上高中的时候，每天和同学在一起比较，我吃得没人家好，穿得没人家好，学习成绩有时候也没人家好。我就会怀疑，这么辛辛苦苦地学来学去，究竟图什么呢？如果以那个年纪的目光去看这件事，我觉得前途渺茫，甚至会有一种绝望的感觉。但是，当我到了40岁这个年纪，再回头去看，才发现当时自己遇到的困境，也就是那么回事，没有什么大不了的。

　　所以，我常对自己说，虽然我现在没你水平高，但是我一定要让自己在今天好好努力，增长才干，训练能力，把自己锻造得更强悍一些，以确保在未来能有更大的价值。

　　这个世界上很多人都会自我怀疑，包括年轻的学生，也包括人到中年的李老师。我从 2006 年开始创业一直走到今天，已经过去了 18 年。我从一个三线小城市的普通教师，通过自己努力奋斗，来到北京发展自己的事业，并且能在北京这个地方生存下来，相比于我的同龄人已经非常不错了。但是我又想，很多和我同龄的人，甚至比我更年轻的人，他们的事业做得比我的大很多。我现在还需要站在一线，一对一地与一个又一个学生以及家长沟通，很多人可能不用像我这么辛苦，比如有些学校的校长，人家和我年纪一样大，他的事业比我做得大多了。当我这样审视自己的时候，我也有自我怀疑。

　　在这个世界上，但凡有一点企图心的人，但凡想要让自己变得更好的人，都会有自我怀疑的时刻。在怀疑的同时，你要相信自己有能力变得更好。很多时候，我们会陷入自我怀疑的纠结之中，并在这种纠结中不断前行。没有人能拥有纯粹的自信，从来不对自己产生怀疑。即使是一个很自卑的人，也会有自信的一面。一个无比坚强的人，也会在某个时刻变得很脆弱。人是一个复杂的矛盾体，今天你自我怀疑，但你是不是也有自信的地方呢？凭什么让你对所有的事情都自信，就不允许有一点点自我怀疑呢？

自我怀疑也是我们成长的过程，在这个过程当中，对于某一件事情，你可能会有自我怀疑，觉得自己能力不行。那么，你就尽自己的所能，把这件事情做得再好一点。即使你在这件事情上特别擅长，也可能会不小心栽跟头。在你很擅长的领域，也要小心一点点，不要大意失荆州。

总之，有自我怀疑，那就怀疑自己一下，然后去做你应该做的事情，只管不断向前走。走着走着蓦然回首，你会发现那人却在灯火阑珊处，你便不再自我怀疑了。

"懒病"康复指南

我对小翟的印象很深刻。这个胖胖的男生曾问我："李老师，您说怎么才能治疗懒病？我感觉自己特别懒，总是不想写作业，但学习还可以。老师一直对我的作业很担心。虽然成绩在班里排在中上等，但是我每周都会因为懒得写作业，被班主任请到办公室痛批一顿。我就是懒得写作业，您能帮我治一治这懒病吗？"

俗话说相由心生，我看到小翟之后，头脑中立刻冒出一个词：心宽体胖。我发现小翟的脸肉嘟嘟的，真想上去捏一把。小翟是个乐天派，烦恼很少放在心里。虽然人有点懒，但是学习还不错，只是不想写作业。如果一个孩子很懒，总是不写作业，那么他的学习成绩一般好不到哪里去。但是小翟正好相反，即使懒得写作业，他在浙江杭州重点中学的重点班，考试成绩依然能排在中上游——在学校700个学生当中，能排30名左右，已经非常不错了。而且每次数学考试，几乎都是满分。小翟之所以比较懒，成绩还能达到这个程度，主要是因为他的头脑很聪明。

一个聪明但比较懒惰的孩子，最可能出现的问题是学习成绩缺乏持续性。这类孩子在初一时还能依靠比别人稍高的智商取得不错的成绩。然而，人与人之间的差距是逐渐拉大的。如果初一时不认真完成作业，他可能还能保持中等偏上的水平。但如果继续放任不管，再耽误一年，到了初三或高中时，很可能就会变成成绩垫底的学生。

既然依靠聪明只能起到一时的作用，那么小翟怎么样才能治好懒病呢？有没有一劳永逸的办法呢？

对于治疗懒惰的问题，我也无能为力。为什么呢？因为能治好懒惰的"大夫"并不是哪位老师，而只能是自己。最终能否从懒惰变为勤奋，取决于你是否有决心做出改变。如果你觉得自己需要改变，并且有这样的想法，那么治好懒惰肯定没有问题。以小翟为例，这个孩子的性格特别好，拿得起放得下，将来一定能成就一番大事。因为很少有人能像小翟那样。

家长和老师都要求小翟好好学习，他答应得很好，实际执行的时候，依然我行我素。从正向的眼光来看这一点，小翟不管遭受多大的压力，心里都不难受，看什么事情都能云淡风轻。

比如，家长、老师教育了小翟之后，他还是不改正。他的潜在心理是：你们看我多厉害，即使我不写作业，成绩依然不差。有的同学则是家长和老师天天教育他，被批评之后他就不会再这么干，还会觉得有点不好意思，觉得自己对不起爸爸妈妈，这种想法叫放不下。小翟的心理素质好，能够放下这些批评。同时，小翟同学还能拿得起来，能够保证上小学的时候在班级学得很不错。老师经常表扬他，给他发奖状，还让他上台演讲。当他站在讲台上给别的同学分享经验的时候，自己也觉得挺享受。所以，小翟同学是个拿得起放得下的孩子，这种品质对于很多人而言，可能需要花10年甚至20年才能够培养出来。也许别人一道题需要做10分钟，他几下就做出来了。

但是，人最怕的是什么呢？是小时了了，大未必佳。小时候很有才华的人，长大之后变成了非常平庸的人。这样一个天赋异禀的孩子，最后却因为自己的懒惰浪费了自己的才华。家长和老师为什么批评小翟呢？因为他们心里难受，不想让这样一块好材料因为自己的懒惰而被浪费掉。

那么，治疗小翟懒病的药方究竟是什么呢？我想，可以总结成一句话：请不要浪费自己的才华。即使再有才华的人，只要他懒惰了，就很难取得成就。哪怕在一段时间之内，他可以靠着小聪明毫不费力地领先别人，但是当他把时间线拉长，才会发现最终这些所谓的聪明人，会被那些能够持之以恒的人远远甩在身后。

治疗小翟的懒惰问题是如此，治疗所有人的懒惰问题不也是同样的道理吗？每个人都会有懒惰的时候，我也不例外。我每天都要与不同的学生连线，解答他们的问题，有时候我也会懒得去做这项工作。但是，我之所以能够克服懒惰，每天充满活力地与学生及家长交流，给他们提供有价值的建议和解决方案，原因就在于我不想浪费自己的生命和才华。我知道自己有这个能力，只有将自己的能力充分发挥出来，才能体现我的价值，并且不会因为自己的懒惰和浑浑噩噩的生活而感到遗憾。

我在教学生涯当中，见过太多天资聪慧的学生，因为自己的懒惰，没能考上理想的大学。我为这些学生惋惜的同时，也感受到治好懒病的唯一办法，就是自己开悟。老师和家长的教育，只是外在因素，真正起到决定性作用的，只有学生自己。所以，请大声地告诉孩子：珍惜自己的美好青春，请不要浪费自己的才华，把懒惰抛在脑后，大步前进吧。

尤其是：请不要浪费自己的才华！这句话你要过上一段时间就在他的耳边认真地、严肃地说上三到五遍。

用这种方式跟孩子说这样的话的过程就是让他开悟的过程，就是教育引导他的过程，就是让他彻底改掉这个毛病的过程。只是要记得，这是一个过程，不是一次两次，这个过程可能要持续一个月，也可能持续一年，甚至是三年。不过，若是能真的这样去想去做了，这个过程应该会没有那么长。

什么导致了小升初成绩下滑？

很多孩子上小学时，成绩名列前茅。但是，上初中之后成绩就开始下滑。当这个问题出现时，不少孩子和家长会非常着急：本来孩子的成绩非常好，为什么上了初中突然不行了？

我认为，刚上初中时的成绩并不能说明孩子在整个初中阶段会一直保持这样的状态。现在成绩下降了，并不代表孩子未来中考不行，也不意味着将来高考就不行。很多时候我会告诉孩子和父母，人活着要往前看。不要因为当前阶段出现了失误，就对自己进行全面否定。

那么，小升初之后，成绩为什么会掉下来？

我觉得原因无非是两个：第一是随着科目的增加，原来的方法跟不上现在的变化了；第二是孩子的心态发生了变化。

上小学的时候学的科目少，主要是语数外三科。但是进入初中之后，学的科目就多了。当步入初中，进入一个新的环境，遇到很多新的同学，心思没放在学习上面。这个可能导致孩子的学习成绩有暂时下滑的迹象。成绩下滑其实是一件好事，它至少在给我们一个提醒。那么接下来要做的事情就是，把该做的事情做到位。

初一阶段要做的，主要包括两件事。

第一件事情，就是把老师在课上讲的那些题扎扎实实搞懂。比如，老师今天上课讲了三道题，这三道题在下课之后，你能用几分钟的时间把它们做出来吗？不论哪一科，不论老师上课讲的题目有多难，你都应该能够在几分钟内完成老师上课讲的一道题。如果你做不到几分钟完成一道题，那么就应该通过不断的训练，达到这个标准。

第二件事情，学习要用心力。什么叫用心力呢？就是让学习的知识往心里走，真正地学、真正地思考、真正地理解。很多孩子每天也在学习，老师让做什么就做什么。别人去加班学习的时候，他们也会跟着加班学习。但是，学习的时候脑袋转得不够快，因为他们不够兴奋，没有用心力去学习。在和同学聊天的时候，在课下玩耍的时候，他们的脑袋反而转得很快。为什么呢？因为脑袋不是不能转得快，而是没有把最主要的心思放在学习上。当你没有要求自己把一件事情做好，你的精力肯定无法完全集中在这件事情上。

我们为什么要学习？因为学习可以让我们看清真相。在初一年级，学语文、数学、英语、物理、化学……所有的一切，目的只有一个，就是看清真相。只有看清了真相，你才能够把自己的心思用在最应该用的地方。当你不清楚上学读书是为了什么，也不明白为什么要十分努力地去学习，起码应该相信，只要用心去学习这些你不懂的知识，你就能够找到答案。如果有一天你去上学时，心中有一种激动的感觉，那么你整个人的状态就会不一样了。

学生到了小升初阶段，就意味着需要进入新的学习状态，需要解决的是两方面的问题：第一个是方式方法和能力的问题，第二个是状态和感觉的问题。当你学习时状态不佳，做什么都无精打采的，头脑自然也就转不动。其实，学习是这个世界上非常简单的事情之一，尤其是学习那些有明确答案的知识。我每天都要和不同的学生交流，在连线之前并不知道学生会提出什么问题。这就需要我在现场组织语言，调动之前积累的所有经验来解答学生的问题。这时，我能否帮助到眼前的孩子，就取决于自己多年来的知识积累。但是，做数学题或语文题时，至少你知道完成后是对还是错。因此，相比其他工作而言，学习是一件相对简单的事情。

对于刚刚升入初中的学生而言，身体不仅要欢实起来，头脑也要活跃起来。小升初之后，成绩下滑基本上是暂时的问题。只要扎实掌握老师上课讲过的知识，真正用心力去学习，一个月以后，孩子的成绩起码能提升到中等偏上。如果能够坚持一个学期，到期末考试的时候，说不定能排进全班前十。

学习奥数真能提分吗？

  朵朵今年上五年级，从二年级开始学习奥数。朵朵妈本来是因为朵朵的数学成绩不好，想通过学奥数提高孩子的数学成绩。但是，朵朵上了奥数班之后，学的东西都是竞赛之类的知识和题目，对于朵朵来说比较难。在学校的数学学习中，朵朵的基础知识有时候还掌握得不扎实。朵朵妈妈很困惑，不是说学奥数能锻炼孩子的数学思维吗？为什么数学成绩反而不好了？学习奥数真的能提分吗？

  从理论上讲，奥数的学习方向与常规数学的学习方向可以说是两条互不相交的平行线。有的孩子可能更适合学习奥数，而有的孩子学习奥数则会比较费劲。在让孩子学习奥数之前，家长首先要问自己一个问题：我的孩子适合学奥数吗？

适合学奥数的孩子，有一个比较明显的标准，那就是学习奥数不会给自己造成额外的压力。比如，他去上奥数班，或者做奥数题的时候，这些题目对他来讲，不构成学业上的负担，那么他就是适合学习奥数的。有的学校会拿着奥数的成绩作为孩子小升初的一个门槛。如果父母希望孩子能上一所更好的学校，必须通过奥数这个门槛，就可以让孩子去学习奥数，这没有太大的问题。如果学奥数对孩子的数学学习构成了负担，那就没有必要强制孩子去学习奥数。

　　从孩子数学能力提升角度来看，小学五六年级的数学知识比较好掌握，并没有我们所想的那么复杂，学习奥数并不能直接让孩子的数学能力有质的提升。要提升孩子小学阶段的数学能力，主要从三个层面入手，分清楚孩子在哪个层面出了问题。第一是基本知识层面，第二是基本方法层面，第三是基本思想层面。如果家长感觉孩子的基础不太好，就要找到是三个方面中的哪一方面不够好。

　　如果孩子拿到题以后，看到的东西不够全面，不能把题里边最需要转动脑筋的东西看出来。那么，孩子可能存在两个方面的问题：第一是基本思想不明白；第二是基本方法不会运用。如果要训练孩子的数学基本思想，可以让他在小学阶段做一些总结归纳的工作，通过总结归纳的过程，体会出题和做题的基本思路。总结完之后，让孩子学会把自己以前做过的题里面的知识点提炼出来。具体到基本方法层面，也要做题目的总结，基本思想和基本方法的总结可以合二为一。

举个例子，当孩子做完一道题后，如果是简单的题目，则没有太多总结的必要；但如果题目是中等或中等偏上的难度，在做完题目之后，不要直接做下一道题。而是要做题目的特征识别，即这道题涉及哪个知识点。之后，再将这道题目进行问题归类，了解今天做的这道题属于哪种类型的题目。比如这道题的哪个细节信息、条件、提示或问题等，能让你判断出这道题的类型。

把题目归类之后，要开始解决这道题目。那么解决这个问题要从哪里开始入手呢？

第一，要通过观察这道题解题的全过程，从这个角度做分析。

第二，做这道题的先后顺序是什么。如果这道题已经入手了，那么做的时候每个步骤的先后顺序是什么。

第三，做这道题的阶段目标是什么。阶段目标指的是什么？比如，这道题我总共有四步，第一步要做到什么程度就可以到第二步，第二步做到什么程度就可以到第三步，第三步做到什么程度就可以到第四步了，这叫阶段性的目标。

当我们清楚了题目的入手点、解题顺序、阶段目标之后，接下来就要分析解题的工具了。解题工具指的是，我做这道题的每个步骤要用什么方法，要用哪个公式，要用到哪条定理，或者哪个定义等。包括老师平时在教学的过程当中，给孩子们讲的一些技巧或者诀窍，这些就是工具。并且要分析出用这些工具的时候，应该注意什么问题。最后，再把这道题的做题过程，全部回顾一遍。孩子刚开始总结的时候可能比较耗时，所以我建议在周末的时候去做总结。

比如，周末可以抽出一到一个半小时，把这一周做过的题，尤其是中高难度的题目，以及自己做错的题目，再总结一遍。又如，这周我做了100道题目，其中5道题是一类题。那么就要弄清它们属于哪类题，在做这种题的时候，一般要从哪个点开始入手，入手的时候都要用到哪些知识。在实际操作的过程当中，要先做什么，再做什么，最后做什么。第一和第二步分别要做到什么程度。

家长可以让孩子以周为单位做题目的总结工作。如果题目涉及的问题不是很多，只有两到三类题目，一个早上就可以把这些题目总结完毕。如果这项工作能够坚持得稍微长久一些，比如坚持两到三个月之后，孩子可能只需要一个小时就能完成总结。或者在平时的学习过程中，他们就能够养成用总结归纳的方式来重新审视和体验做过的题目，这样可以帮助孩子巩固基础知识、基本思路和基本方法。相比于通过学习高难度的奥数，这种方法更能有效地提升孩子的数学能力。

你为什么总是控制不住自己？

很多同学总感觉自控能力很差。我觉得，所谓自控能力的根本来源是自己对自己的要求。你希望你自己将来成为一个什么样的人？当孩子已经 15 岁，上了初中之后，就需要去想一想这个问题了。孔子讲过："吾十有五而志于学。"孔子是 2000 多年前的人，那个时候的经济、文化、思想还很落后，但是当时的人依然推崇"十有五而志于学"。这说明 15 岁左右，是立志的关键时间节点。在 21 世纪的今天，对一个 15 岁的少年而言，他应该有自己的人生目标，有自己对未来的想法。

我一直强调，自我要求源自对自我的严肃思考，以及对自己未来人生的规划。你将来想要成为什么样的人？将来想要做成什么样的事？有了这样的想法，你会对自己没有要求吗？当然会有要求，这种要求就是所谓的自控力。控制不住自己还是一个问题吗？当然不是。因此，自控力较差的同学，应该问问自己是否愿意这样做。当你真正有意识地要求自己，看待学习的角度就会发生变化。学业对你而言，不再是负担，而是实现目标的重要途径。

有了自己对自己的要求，有了自我觉醒的意识，并不能自动获得自控力，你还必须有行动。当你有了自我要求之后，那就按照你想的去干吧。在行动中你会发现，自己变得比之前有自控力了。

因此，自控力不是别人要求你如何做，而是从内心自发形成的，是自然而然产生的。你一定要相信，这个世界上有很多孩子在十二三岁的时候，就已经非常明确自己将来要成为什么样的人，以及如何去做才能成为那样的人。人与人之间的差距，在很早的时候就已经拉开。并不是你在未来的某个时刻所看到的差距，而是在成长过程中日积月累形成的。

网上曾经流行一个段子，大意是我奋斗了 30 年才走到了人家人生的起点。我并不完全同意这种看法，因为你这 30 年的工作重心，和人家那 30 年的工作重心并不一样。你只是为了分数去学习，人家学习则是为了自己想要的未来而努力。虽然你们同样走了 30 年，但最终的结果不同，你只是走到了人家人生的起点。

有自我意识的孩子，家长从小讲的不是分数，而是自我定位，在做事的时候要怎么去做，在做事的时候要具有什么样的品质。但是，大多数孩子从小接受的教育是：这次要考满分啊。你考不了满分，回来之后小心妈妈收拾你。

孩子之间接受着完全不同的教育，30年后再对比肯定会有所不同。因此，不要去问自己的自控力强不强，而是要问自己对未来有什么想法。当然，要想清楚这个问题，并不是一朝一夕的事，它可能需要一年、两年、三年，甚至需要五年的时间。但是，当你开始思考的那一刻，就是你开始成长和进步的那一刻。你可能直到高中毕业的时候，才开始有点想明白，自己这辈子要做一个什么样的人，想要做什么事。

那么，在你思考的六七年时间里，是不是没有办法让自己成为一个拥有自控力的人呢？并不是。明白了"要成为什么人，做什么事"只是结果，但是在探究结果的过程当中，你已经逐渐明白了自己的志向。当你已经开始有了这种意识，就会对自己有所要求。

家长也不要没事就问孩子：你到底有没有想明白要做一个什么人，成什么事？我们不需要总把这些东西挂在嘴边。它像一颗种子，让它在孩子的脑袋里慢慢生长和发育。也许一年、三年、五年，它才会开始生根发芽。但是，只要这段话触发了孩子对人生的思考，即使花了10年的时间才想明白，当他回首往事时，他依然会觉得这是人生中重要的契机。

中等生如何突破瓶颈？

突破中等生瓶颈只需做好两件事

如果全班 40 人，每次考试你都在 20 名左右，总觉得自己的成绩还有提升空间，却总是差那么一两步提升不上去。那么，你目前的水平属于非常典型的"中等生"。

在这里，中等生并非一个负面概念，实际上，大多数孩子都属于中等生，成绩不太好，但也不坏，而且很难改变自己的现状，很难实现突破。中等生这个头衔，好像一个瓶颈，很难有实质性的突破。为什么很多学生都很难突破中等生的瓶颈？问题到底出在哪儿呢？

我在很多讲座中一直在讲一个问题，中等生学知识有两个问题：第一不全，第二有点乱。

什么叫不全？十个知识点你只知道七个，另外三个不知道，这叫学得不全。你知道的七个，在脑袋里捋不顺、不通透，这叫作有点乱。所以，这类孩子在学习和考试的时候，都有个共同的特点，那就是靠灵感。运气好的时候，能考到中上游，运气不好只能在中下游徘徊。

这个层次的同学，在解决问题的时候，需要做到一句话：有限的事重复做。

意思是你不需要做很多题，但要确保两点，尤其是在假期结束后，开始上学的关键时期：第一，课本上的所有例题和习题，你能在规定时间之内做出来；第二，老师上课讲过的题目，你能在规定时间之内做出来。你可以衡量一下自己，是否做到了这两点？比如，在学校发放的教材上随便抽取一道题目，你能不能立刻准确地解答出来？老师上课讲过的知识点，随便抽取一个，你能不能马上复述出来？如果你做不到这些，那么你就无法突破目前的成绩瓶颈。

当你把这两件事做好的时候，成绩一定会有大幅度的提升。做到这些事并不难，完全不用做那么多的辅导习题。成绩中等的孩子完全可以在寒暑假时，选择三个科目，比如数学、英语、物理。在假期只干一件事，把上学期老师讲过和课本上的知识点，按照我上面说的方法全部搞定。下学期开学的时候，你肯定能在摸底测试中表现优异。

开学之后，继续按照这个方法执行，直到期中考试之前。你可能没做多少题，但是已经把老师上课讲过的题、课本上的题和知识点搞定了，期中考试的时候，你在班里依然能取得不错的成绩。

搞好学习很简单

突破中等成绩的瓶颈，需要做好简单的两件事，把学习搞好这件事情更加简单。有人说："哎，李老师，如果说我现在排到了前十名，接下来应该干什么？"我觉得只要做好四个字：总结归纳。只要是老师讲过的题，只要是课本上讲的题，你不仅能够很快做出来，还能说出为什么这么做。

如果你已经排到了全班第七名左右，并且已经做好了"总结归纳"的工作，还想让自己的成绩提高到前三名。你还需要做好另外两件事：第一是刷题，第二是找高水平的人指点。因为当你达到那个阶段时，已经可以轻松做好基础题目和中等难度的题目了。如果没有完成这些训练，当老师给你发练习册做题，并说："来，今年寒假把这三本练习册做了。"那时你也想做，但是做起来却很吃力。而且越做越痛苦，越做越烦躁。做几道题就想把笔摔到桌子上，再也不做了。为什么会这样呢？因为你做不进去。

但是，当你把这些基础工作做完，能排到班里前三名左右的时候，就可以刷题了。刷完一本题之后，就去找一位老师聊天。比如，你现在上高二，去找高中数学老师聊聊。你可以说："老师我最近做了三本题，这三本题都是关于函数的。我觉得函数是这么一回事……"你把自己对函数的理解，对你的数学老师说说。然后你问老师："老师，您觉得函数是怎么一回事？"老师会说一说他对于函数的理解，这时你俩可以互相探讨一下函数的相关问题。所以，一定要记得：当你刷完题目之后，一定要找一个水平高的老师，围绕你做过的题聊聊天。

我一直对学生说，方法找对了，学习其实是一件很简单的事情，不要把它想得很复杂。对于排名中游的同学来说，只需要把老师上课讲的内容以及课本上的内容记得滚瓜烂熟。要做到随便抽取一道题，你能在短时间之内准确地做出来。如果做不出来，那就学习后再做一遍，直到达到这个标准为止。有的同学可能会认为，我已经把答案记住了，这样做会有效果吗？我要问的是，你记住答案后再写出答案，和自己理解考点后再写出答案，速度会一样吗？当然不一样。

所以，这个工作合格的标准是什么？是答题的速度比抄答案的速度还要快。抄答案是把答案记住了，这和自己做题并给出答案的能力并不一样。而能力是训练出来的。我说的这种训练方式，并不是一遍又一遍简单地重复。虽然表面看起来很像，但是任何工作做到极致，看起来不都是一遍又一遍地重复吗。就像我给学生上课一样，我上了18年的课了，其实就是重复那些知识点。然而，正是在这看似重复的工作中，我不断总结、修正、精进，最终达到了现在的水平。

同学们总会问我，我是中等生，该怎么办？我学习成绩不好，该怎么办？我学习成绩还不错，该怎么办？我每天都要面对这些已经解答了千遍的问题。但是，我回答第一遍和回答第100遍并不一样。说得越多做得越多，对事情的理解就会不一样。就像你听我讲课一样，听第一遍的时候，你可能会注意李波老师长的样子。听第二遍课的时候，会感觉李波老师说的话挺有道理。听第三遍的时候，你会认为李波老师这句话和自己的想法一样。听到第四遍，你会说："哎呀，李波老师也就讲了这些简单的道理，不用听了，我真的明白了。"所以，一遍又一遍地做一件简单的事，效果并不一样。

把简单的事做好并不简单

我们在学习的时候，看似是在不断重复地做一件简单的事情。然而，把简单的事情做好，并不是一件简单的事。其实，人活着也是这样子，我们每天都是24小时，都是一天接着一天地过活。但是，你觉得今天这一天，和昨天的一天一样吗？你十三四岁的时候过了这一天，和你10年之后过的一天一样吗？并不一样。但是，有的人却完全一样，为什么？他在这个过程当中，没有对自己提出一些刻意的要求。

所以，有的人10岁的时候，决定了他这一辈子都是10岁的样子。有的人20岁以后，每一天都是20岁的样子。而有的人每天都在成长，每天都在进步。虽然日子是一样的，但是人不一样，这叫"事上磨人"。我们每天要结合具体的事情，用同样的事情不断地刻意训练。就像我每天都要和学生、家长说话，但是我每天都用自己和学生沟通交流的过程来训练自己。今天我和小杨同学聊天，发现自己的水平高了。接下来可能和小佳同学聊天，聊的是另外一个话题，也会发现自己的水平提高了。你要用亲身经历去成长你的能力，这道理我与很多同学都沟通过。

你今天做这道题，是为了完成作业，但不应该把做题简单定位到表层。通过做这道题，要把自己的本事练出来，扎扎实实掌握知识点，提高你做题的能力，这才是做题的深层次原因，而不单单是为了把题做完去交差。

做题的过程是能力成长的过程，如果你能够把做的每一道题、做的每一件事，都用来增长自己的能力，你会发现自己要做的题越来越少，做题的正确率也越来越高。不要把生活、学习、成长当中的每一件事浪费掉，而要用它们来练自己的本事。

比如，我看见一位同学的时候，会观察这个同学的眼睛是有神采的还是倦怠无力的，他的两个眉毛是上扬的还是下垂的，他的表情是怎样的，语气是怎样的，有哪些小习惯……我会在心中体会和观察，将来再遇见和他类似的情况，我就知道他的问题在哪儿了。因此，你做的每一件事情都是成长过程当中的一大笔财富。用这些机缘历练自己，争取每天都能更进一步。

上课听得懂，做题就错怎么办？

不少同学都曾遇到类似的问题，上课时老师讲的知识点都能够听得懂，下课之后却不会做题，考试遇到相同的问题也会做错。他们和我说："李老师啊！我明明都听懂了，怎么做题就错呢？我是不是太笨了？"其实，孩子们出现这个问题，和智商关系不大，却与他们的认知习惯、学习习惯有着密切关系。

首先，这里要谈一个概念：认知的层级。一个学生面对老师上课所讲的东西，他说自己听懂了，这并不意味着他真的掌握了这个知识点，因为认知是有层次的。第一层次叫了解，第二层次叫理解，第三层次叫掌握，第四层次叫运用。

但凡你对老师所讲的知识点达到了理解的层次，基本不会陷入老师讲课时感觉懂了，但考试时完全不会的状态。所谓理解是什么意思？就是对老师所讲的内容有感觉，而有感觉就意味着在面对知识点或老师讲过的题目时，知道从什么方向入手。如果老师上课讲的东西你听懂了，但在做题时却完全摸不着头脑，说明你对于老师讲的内容并没有达到理解的层次，最多只是达到了了解的水平。

那么这个时候我们要反思一下你所谓的听懂，是不是还处于所谓比较低端的层次。更应该反思的是，你在学习中对自己的要求。

举个例子，小钟同学在他的日常生活和学习的过程当中，一直都是个很积极、乐观的人，对自己的信心也非常强。考完试之后，小钟妈妈会问："小钟啊，你觉得你这次考得如何呀？"小钟同学一定会拍着胸脯跟妈妈讲："妈妈你放心，这次我考得绝对没问题。"结果考试分数下来之后，只考了30多分。小钟觉得不可能呀，怎么是这个分数！

小钟为什么会出现这种情况？因为他拍胸脯时的确是在说大话，他知道自己不行，为了掩饰这一点，却拍着胸脯说自己绝对没问题。他心里还是有一点不好意思和愧疚，他知道自己的表现不好，但他还是要拍着胸脯给别人看。问题的关键在于小钟是否真的觉得自己不好？他是否对自己提出了用心学习的要求？他是出于虚荣心假装努力学习，还是真的在动脑思考每一个问题，真正达到了掌握的程度？

我讲过一段话，一个人在做事的时候，如何能够把这件事情做好？他需要三个步骤：第一是有意识，第二是有意愿，第三是有行动。小钟同学如果没有觉得自己在学东西的时候有问题，没有意识到他学的东西并没有真正掌握，那么他就没有意愿去解决当下所存在的问题，更谈不上行动。因此，只有像小钟一样的学生真正想去改变现状，想要弄懂老师在课堂上讲的知识点的时候，他们才可能真正掌握这些知识，而不是仅仅停留在浅尝辄止的层面。

其次，上课听得懂，但是做题就错的最大的问题在哪里？用三个字概括：想当然。

为什么会想当然呢？老师在讲一道题或者一个道理的时候，刚一出口，这些学生会想：老师，你快别念经了，不用你说，我都知道。当你这样想的时候，你的大脑就停止思考了，深度思考的闸门已经自动关上。你以为的并不是你所以为的，这就是最大的问题。也是导致你觉得自己听懂了，但事实上你压根儿没明白的根本原因。所以，你知道的东西，绝对不是这个事情的真相，因为你并没有深入事物当中去，不能理解知识的底层逻辑和运转机理。

如何解决这个问题呢？你要提醒自己，自己现在所知道的一定不是这个事情的真相，那么真相究竟在哪里？这需要自己去探究，你要不断地问自己，而探究的过程一定充满了思辨的艰辛。问三个月，一天问30遍，而且要边问边思考。

不会深度思考，不能真正掌握知识的孩子，一定要每天问自己，这是不是事情的真相？自己有没有真正掌握这个知识？时刻提醒自己需要往深处去想。在这个过程当中，不断地调整自己的思维，摆脱之前对于问题只停留在浮皮潦草的状态。最好每天能抽出五分钟的时间来做训练，找块安静的地方坐在那里，眼睛闭住，下巴颏收回，双手合十不断追问自己：老师讲的这个题目真的很简单吗？我是不是真的懂得了知识的本质和事情的真相？当你经历了这个过程之后，走路的姿势都会变得沉稳。

　　最后，我想提醒学生和家长的是，孩子上课能听懂，但是做题就会错的这个问题，越早解决越好。因为小学和初中阶段的孩子，学习和思考习惯还没有完全定型，还有很大的改造空间。要知道，深度思考是"童子功"，必须从小开始训练。如果错失了小学到初中这段训练的黄金时期，那么将来学习起来会越来越难，到时候会感到更加痛苦。孩子在初中阶段面对这些问题还不会感觉多么痛苦，如果将来高考时还没有解决这个问题，后悔都来不及了。

偏科孩子的共同问题

偏科和天赋真的有关吗？

小滨从初中开始偏科，数学成绩总是徘徊在 70 分左右。上了高中之后，偏科的问题更加严重，数学再也没法及格。但是，小滨的地理、英语、语文学得非常好，尤其是地理和英语，每次考试几乎都能拿到满分。虽然偏科严重，但是在中考时，他还是依靠英语、语文的超常发挥，考上了一所重点高中。可是，高考时如果数学太差，肯定没法考上一所好大学。眼看明年就要上高三，小滨的父母都心急如焚，非常想把孩子的数学成绩提上去，却又不知从何入手。于是，小滨和小滨妈妈找我连线，希望我能帮忙拯救孩子的数学成绩。

小滨作为一个偏科的孩子，为什么会出现这个问题呢？这和他的天资有着直接关系。

天资是什么意思？就是有的人就特适合干某些事，而有些人不擅长干一些事。比如，我发现自己特别擅长当老师，看到一位同学之后，和他聊几句我就能大致知道他是一个什么样的同学，问题出在哪里，并且给出解决问题的方案。很多孩子的爸爸妈妈看到自己孩子，都不能如此了解孩子的想法。如果一个老师没有这项功力，怎么能把孩子们带好呢？又怎能给孩子们更好的引导呢？所以，我认为自己特别擅长当老师，一定有什么东西在内在影响着我，这个东西就是天资禀赋。

学生也是如此。你会发现有些同学特别擅长学数学，学起来毫不费劲，考试成绩还特别好。看见这种同学的时候你有什么感觉？大概是羡慕、嫉妒、恨，心想：凭什么呢？怎么我付出这么多努力，还是不如他？

其实，不单单是你有羡慕、嫉妒、恨，老师也会有同样的心情。我曾是一名高中数学老师，曾经有学生问我问题，我看了很长时间，怎么也做不出来。我教的另外一个学生过来说："李老师，这道题可简单了，你看，就这样子做嘛。"

当老师的都不会做这道题，学生几下就做出来了，老师会有什么感觉？肯定是如芒在背，身上瞬间有好多针在扎，既羞愧，又有些嫉妒。由此可见，一个人学一样东西，肯定和这个人的天资禀赋有关。

听完我的这个观点之后，小滨同学可能更绝望了，数学不好是不是因为天资不够好呀？

并非如此。我一直在讲一个观点，在当今优生优育的时代，接近 99% 的人的智力都是正常的，只有千分之一的人是天才，天才级别的人极少见。只要你的智力条件是正常的，你有好的学习习惯，掌握了适合自己的学习方法，态度上也是认真的，在学习这件事情上是有能量的，那么你大概率能考上不错的大学。

我完全不赞同任何"我不适合学数学"或者"我不是学理科的料"的这类自我论断，你不能因为某科成绩不好，就怀疑自己的智力水平。

只要你的智力条件是正常的，同时你好好地钻研了，高中数学满分 150 分，你大概率可以考到 125 ～ 135 分，如果其他科目也都是对应的水平，意味着你能考上 985、211 这种层次的院校。同理，放在初中来看呢？数学满分 120 分，只要你的智力条件是正常的，你也学到位了，考到 108 ～ 113 分肯定没有问题。你想考满分或者考到 118 分，和智力条件是否正常、是否适合学数学有关系。但凡想要考到 108 ～ 113 分，跟是否适合学数学，没有特别大的关系。

六个字解决偏科

许多同学出现偏科现象，并非因为他们有智力问题，或者不适合学习某个学科。每个人在这个世界上都有自己擅长的领域，这里的擅长不仅仅是指学科成绩，还包括其他各个方面。我相信在你的人生中一定能找到一个你擅长的点。老天爷对每个人都是公平的，比如盲人的听力通常比一般人更为敏锐，聋人的视觉通常也比一般人更为敏锐。

具体到每门学科当中，你可能不擅长数学，但是英语很好，今后也许能做一名优秀的翻译。不过，只要你的智商正常，没有任何智力方面的缺陷，也没有因为老师或者其他人而厌恶某个学科，每个学科正常分配时间和关注度，就很难出现严重偏科的问题。

那么，如何才能把分数较低的科目学好，彻底告别偏科呢？我认为，主要靠两个因素：第一个是方法，第二个是功夫。

方法就是你怎么样去学这个科目的知识。功夫就是你打算如何用力去学这个科目。

比如，你的数学考试分数较低，从方法的角度来看，你只需要用三个词解决：第一个词叫重复，第二个词叫用力，第三个词叫限时。

重复就是"今天这道题我做了一遍，那我就再做两遍"。做完了两遍之后，你的速度还是有点慢，那就再做两遍，直到做这道题的速度特别快为止。

用力就是你做了五遍之后，速度已经很快了，但是你觉得自己的速度还可以再快一点。限时就是你在重复和用力时，必须严格按照考试的时间和状态训练。如果没有达到时间要求，即使重复很多次，也很难达到效果。但凡你把重复、用力，用在你的初高中数学上，只要坚持一个月，你会发现你的数学解题能力飞速提升。用这种"简单粗暴"的方法，训练一个月的时间，在满分 120 分的前提之下，你的数学至少能够稳定在 95 ～ 105 分。

再好的方法也需要落实

在人这一生当中，初中和高中这个阶段特别重要。在初高中阶段，偏科的孩子如果能够把我提到的方法认真思考，并落实在学习当中，未来的人生将会完全不一样。

我在上中学时读过一本书，书里讲了很多看似没用的道理，但我觉得那些道理讲得特别好。我听进去了，并且试着让自己去做了。我发现我的今天，和我 20 多年前所想象的完全不一样。我是一个普通的山里娃，这个山里娃能够从一个山村，通过读书慢慢走到城市当中。再从一个三线的小城市，走进一个二线城市，最后又能够来到北京这样的一个国际化大都市，并且还有了自己小小的事业，能够在这个地方安家立业。我能够不断突破自己，并不是我的数学能考得多么好。有很多人的数学、英语比我学得好，但是来到40岁这个年纪，他的人生可能活得并没有我这么自在。

最根本的原因在于什么呢？在于我十几岁的时候，开始对自己有了一些要求，开始去想一些比较严肃的事情。并且能把我读到的，以及老师、家长对我讲过的那些很有用的道理，落实在学习和生活中。

如果你也能做到这一点，偏科对你就不再是问题。你可以用一个月的时间让自己不擅长的科目达到一般同学的水平，再用2～3个月的时间超越他们。即使是你不擅长的科目，对于满分120分的试卷，考到108～113分也完全没有问题。

经济基础决定上层建筑。不管我们对未来想象的有多么美好。不能只去想美好未来，还得把梦想踏踏实实落到实处。就像我小的时候，虽然在山里天天想着美好未来，但如果不下地干活，不努力学习，也不可能实现。所以精神文明和物质文明，两手都要抓，两手都要硬。

也许十多岁的你，并不能完全理解我的意思，但是请将这些道理融入你的行动中，坚持做下去，若干年后你也一定是个非常优秀的人，我希望自己能够看到那一天。

浑浑噩噩的孩子还有救吗？

学好英语要使点劲

"他的英语很差，100 分的卷子只能得 40 分。英语课文背完了，过上十天半个月，就全部忘干净了。数学题目听老师讲了很多遍，作业和考试依然做错。平时上学浑浑噩噩，上学偷着玩手机，晚上用手机看小说、打游戏。白天在学校里上课睡觉，老师、班主任经常请家长。做作业的时候，老是手脚不停，克制不了自己的小动作，平时完全没有时间观念，没有自我约束能力，上学完全是当一天和尚撞一天钟。"小林妈妈的脸涨得通红，一边数落孩子的"罪状"，一边被气得抹眼泪。

当我听到小林妈妈说这些话的时候，我问小林："你觉得老师听完这些话，是什么感觉？"小林摇摇头。

我说："我特别想让她不要再说了，这让我心里难受。"

当小林妈妈说完孩子的情况，我突然不知道该说什么。初一、初二时，小林的英语分数没有那么低。初二英语还能考及格，但是进入初三之后，不仅每天活得浑浑噩噩，英语成绩也只能在 30 ～ 40 分徘徊。

和小林一样在英语上学习遇到问题的孩子很多。从技术层面上来看，英语满分 120 的卷子，如果一个孩子能考六七十分，那么我们可以通过分数判断他的学习状态：他背单词、语法、文章一定是背了就忘。即使他花了很大的力气把它记住，过三五天可能就忘掉了。

如果一个孩子的英文成绩能够能达到 105 分左右，我们可以推测他的学习状态是，在记忆上花费的时间和精力比较少，也不会那么容易忘记。

那些英语成绩能达到 125 分左右水平的孩子呢？他们往往是看一眼能把它记住了，他脑中的知识体系已经相对完整了，新的知识点只是对他的知识体系做补充。

那么，像小林一样英语水平的同学，该如何去解决自己的问题呢？我的建议只有三个字：使点劲。使点劲是什么意思？就是去记这个东西的时候，可能十天半个月之后会忘掉，这都无所谓。但是忘掉之后，要再去记它，直到完全掌握为止。

学英文要达到一种境界，即"衣带渐宽终不悔，为伊消得人憔悴"。用八个字概括就是：只问耕耘，不问收获。如果你想用初三这一段时间，把英文成绩提上去，从 30 分提高到 115 左右，不讲其他过于复杂的方法，你只需要记住这八个字。

要想成功，关键在于你是否愿意为实现自己的目标付出努力，是否愿意提高对自己的要求。我从教以来见过很多学生，最早带的第一批学生已经大学毕业很多年了，他们都已经有了自己的孩子。看到他们如何从学生开始成长，最后长大成人，成为社会当中的一分子，我感慨万千。

想得多不是坏事

所以，我从来不会觉得我的学生今天浑浑噩噩，明天就一定也是这个样子。比如，小林妈妈在说他身上各种各样毛病的时候，我特别想打断她，因为我知道，妈妈嘴里说出来的小林同学，可能和小林心中所想的自己完全是两个样子。但是很多父母只能看到孩子的今天，不能看到他的未来。因为父母只有一个孩子，他们见过的学生太少了。但是我见过很多的学生，也知道一个孩子今天是这个样子，明天可能就会改头换面。即使今天的小林浑浑噩噩，也并不意味着他一生都是这个状态。因此，无论小林妈妈说什么，我也只有笑一笑，甚至不会给小林做思想工作，让他要好好学习，这对于一个看起来浑浑噩噩的学生，并没有太大帮助。只要他能够发自内心地相信，自己能够发生改变，相信自己能够把学习这件事情做成就可以了。

很多人觉得，与小林年龄相仿的孩子，他们的心理年龄一定很小，中考这么大的事情都不放在心上。但是，我的感觉恰好相反，这些孩子或许不像初中生，而更像是高中学生。他们的心理年龄和思想，要比同龄的孩子更成熟一点。而他们的外在表现，和他们对有些问题没有想清楚有关系。比如，我带过一个学生，他在初中的时候学习很好，但是上高中之后，成绩一落千丈。

家长和老师都觉得非常奇怪，成绩这么好的孩子，为什么过了一个暑假就像完全换了一个人？我在和他的交流中得知，他在初三暑假时去了一趟美国，并且在当地中学体验了一个星期。这段经历让他对自己接受的应试教育，产生了很大的疑惑和抵触情绪。感觉学习没意思，索性不学了。这并非心理不成熟造成的问题，相反，正是孩子有了独立思考的能力，才导致他会用自己的方式探究一些他想不明白的问题。

这对于孩子而言，并不是什么坏事。一个有思想的青年，大多知道自己要问什么，以及不想问什么。对于很多事情，他们的心里已经有了答案。只不过由于阅历不足，暂时难以更好地驾驭自己的想法和行为。但是，中考和高考对于中学生而言，是最重要的事情。那些想不明白的事情，完全可以先放在一边，等中高考结束了再去琢磨。这类孩子的根本问题在于，对世界观、人生观、价值观的意义想得太多，却做得太少，不去实践。

我不是否定一个人去思考的价值，因为认知很重要，把一个问题想清楚也非常重要。但是要把思考的东西转化成你所解决问题的能力，中间还需要有一个过程。

用训练把思想和实践统一

能力不单单是你的思考，能力是训练出来的。比如，你听课能跟得上，是因为你对这个问题的认知和老师对这个问题的认知达到平行。但是你的认知到位了，并不等于实践能力也到位。这就导致你觉得自己学得没问题，但是考试的时候就会出问题。你觉得自己把它想清楚了，但是结果却和你想的不一样。所以，理想和现实之间总是有距离的。我们总是会说理想很丰满，现实很骨感。那么理想跟现实能不能统一起来呢？答案是肯定的。如何统一？两个字：训练。

我们不能低估训练的作用。有个说法叫"刻意练习"，也阐释了训练的正面影响。

一方面，科学的训练能够帮助我们改变大脑的结构。比如写作，当你写得越来越多，越来越久，你的大脑就会在无形中产生变化，你大脑中主导语言、思维、表达等功能的部分就会像肌肉一样，变得越来越发达。

此外，科学的训练还能帮助我们深化从课堂上、书本里学到的知识，构建自己的知识体系，弄清楚每个知识的规律，提高理解力和解读信息的能力，这都会让你在解决每一个问题时思路更清晰。

所以，你要想一想，自己是否经常练习所学的东西。比如，这道题你听懂了，让你不看答案自己去做，你能做出来吗？你把这道题做出来了，请问你做了几遍？能不能很快地把它做出来？能不能自己用语言把解题的思路表述出来？这个反思的过程，就是训练的过程。

我刚开始当老师的时候，遇到一道会做的题目，那么这道题我能否给学生讲清楚呢？不一定。把这道题讲清楚，学生听完之后是否就听懂了呢？不一定。这道题讲完之后，学生当时听懂了，是不是过上几天学生还会做呢？也不一定。当我意识到这些问题之后，就开始有意识地训练自己。所以，你知道了一些事情，并不等于能够达到预期的结果。知道和做到中间需要走一条路，这条路就是训练。能力是训练出来的，即使暂时做不到也没有关系，再试一次就可以了，这叫恭敬精神。如果从今天开始，你能够有意识地训练自己的能力，这样坚持10年，你在这个社会上一定会到达比较理想的位置。

做父母的如果能带着这样的理解去面对自己身边那个浑浑噩噩的孩子，我相信用不了多长的时间，他就能意气风发地去面对自己当下应该做的事情了。所以我才常讲，只有真知道才能真做到。不是我们没有解决问题的办法，是我们对问题的理解深度还须加强。

进步之后又退步，问题出在哪儿？

吃得苦，耐得烦，享得福

妮妮最近非常郁闷，在 9 月月考的时候，她一下进步了 13 名，被评为"进步之星"。但是，期中考试的成绩又倒退到原来的位置。成绩下来之后，妮妮的老师说："你上次是进步之星，这次可能是退步之星了。"

其实，妮妮的学习方法和学习的热情没有变，一直在用原来的方法去学习，平时练习时有一些进步，但考试的时候发挥却很糟糕，考砸的不是一科，而是很多科目一起崩溃。原本擅长的语文、数学都考砸了，拿到了一个很低的分数。进步之后又退步，妮妮实在想不明白问题出在哪里。

其实，每一个学生考试的分数和一个成年人进入社会后去赚钱的道理是一样的。比如，我在教育行业分享家庭教育的观念，这看起来可能是一个巨大的机会，我也觉得应该可以有很大的发展。但是，当你把你所有的资源、时间和精力投入之后，你会发现忙来忙去，你可能不仅没有收益，还亏了一些钱，那么在接下来的一年，你还要不要继续做呢？答案是要继续做。

比如，2020年，有一些行业的生意不好做。一些教育机构倒闭了，有2%的企业有营收，但你并不能说它能够赚钱。对于我来讲，也是一样的，我的收入也大幅地下滑了，面对这样一个局面，在2021年，我还要不要继续投入时间和精力，继续往下做呢？要的。所以我一直在坚持。

所以，有一句话讲得特别好：一个人在这个世界上活着，第一要吃得了苦；第二要耐得住烦；第三要享得了福。对于那些成绩刚刚有些起色，却又退步的同学而言，他们已经能吃苦了。即使你原来已经进步，接下来又退步了。你还要继续付出，让自己尽可能再翻盘一次。也许你在挫败之后心烦了，觉得真麻烦，怎么刚上去又掉下来了，接下来努力两个月名次能不能上去呢？有可能还是上不去，有可能比这一次掉得还要厉害。

比如，从现在开始，距离期末考试还有两个月。可能你努力一个半月之后，期末考试的排名有进步。到了高二下学期，你还能继续往前走吗？任何一个人都不敢保证。你可以有这个想法，但你不能确保这个结果。学习是要吃得了苦的，还得耐得了烦，要有韧性。但是，很多孩子耐不住烦，觉得成绩掉下来了，一下就灰心丧气了。实际上，这就是历史发展的客观规律。任何一个人成长，有高也有低，都是呈螺旋式上升。有时候向上跳两下子，有时候会向下落一落。

除了要吃得了苦、耐得住烦，还要享得了福。什么叫享得了福？就是在成绩下滑之后，也能够接纳自己和关爱自己，能告诉自己：不管我好还是不好，都能够接受得了，能够接受得了这个现实，同时我能够接受任何情况下的自己，我享受一切的过程，也接受所有的结果。在这个基础上，还去做我应该去做的事。

这样一来，就能稳中有升，就能长时间保持一个良好的心理状态以及现实中的好位置。

如何与自己不喜欢的老师相处

老师没有平等地对待每一个同学，怎么办？

除了学习方法和心态会让原本进步的成绩下滑之外，老师的教育方法也会对学生的成绩有很大影响。比如，上述案例中的妮妮，她觉得班主任脾气有点怪，像妈妈一样很情绪化。有一次，有家长惹这位班主任生气了，她就退出了家长群。班主任还会把成绩不好的孩子都放在教室后面，把成绩好的孩子挪到教室的前排。结果成绩好的同学集中到一块儿，成绩中下等的孩子感觉自己被排挤了。

妮妮的同学也向老师反映，能不能把作业分散布置一下。因为成绩好的同学完成作业的速度比较快，但是大多数成绩中等和比较差的同学没法在那么短的时间之内完成作业。而且老师对成绩差的学生歧视很明显，不管他们做什么都能被挑出毛病。妮妮中午睡觉的时候，都会被老师叫起来问作业写完了没有。而那些成绩排在前十的同学，在学校里有各种特权，甚至中午排队打饭时，老师都会多分他们半勺肉。妮妮觉得这个老师的做法非常影响自己的学习状态，并且让她很难把心思放在学习上。因为她只要看到那个老师，就会感觉心情烦躁。

妮妮老师的诸多做法，并不利于孩子的教育和成长。我对于一个学生的评价，从来不会用"差生"这个词。因为所有的学生在我眼里，在人格上面他们都是平等的。所以，我不拿成绩对学生进行评判。我尊重所有的学生，并且认为学生的成绩暂时不好，只是在学数学、学语文、学化学的时候，没有把这件事做好，并不等于这个人有问题。

但是，并非所有老师都会平等地看待每一个学生。当你遇到喜欢把学生分成三六九等的老师时，应该怎么办呢？我希望你首先自己不要去说班里有好学生、有差学生，并且武断地把自己归为某一类学生。因为这种将自己归为差生的思维，是阻碍你未来有更大发展的障碍，也关系到你看问题的层次和境界。如果你不改变这种思维方式，也许通过努力，你可以考上一所很好的大学，进入一个很好的单位。但是你进入这个单位之后，只能让自己走到公司的中层，无法进入企业的高层或者担任领导职位。因为你的脑袋里天然会把人划分为不同的层次，无法做到对人彻底的尊重。

也许你无法更换老师，更无法改变这个你不满意的老师的做法。你甚至必须承受被区别对待的不适感，但这也可以成为你自我提升的机会。我认为，与其读一百、一千本书，不如把一本书读通读透。与其把一本书读通读透，不如把人性搞明白。比如，你分别与分数高和分数低的同学相处，会发现他们对于人际关系的理解会有所不同。分数的不同竟然会影响人们对世界的理解，这是一件很有意思的事情，也是一个观察人性的好机会。

有一句话叫："世事洞明皆学问，人情练达即文章。"一个人能力的成长，不单单是从书本上所学来的，还要从身边人的身上学来。这不是说要从他人身上学习一种什么样的品质，而是通过与他的接触，发现这个世界上还有这样的一种人，会以这样的方式去思考问题、看待问题和解决问题。就像我看妮妮的班主任，我会觉得这个世界上竟然还有这样的一个成年人，像小孩子一样，情绪化如此严重。我又看到了这个世界的一个更广泛、更宽泛的样子，这是多好的一件事。

所以，当你调整心态后就会发现世界如此精彩。是什么让大千世界如此精彩呢？当然是人性的不同，而我们这一生也会接触到诸多不同的人性。比如你到北京游览了故宫，爬了长城，还逛了商场，会看到北京的繁华。北上广深一线城市与二三线城市最大的区别在于人更多，人性的体现更为明显。当你站在这样一个更宏大的角度去审视自己的老师以及身边那些分数较低的同学时，你会发现不仅不会感到痛苦，反而有一种愉悦感。你不用担心自己会泯然众人，反而能够做到出淤泥而不染，濯清涟而不妖。

后进生必须做好两件事

哪怕你是后进生，哪怕前一段时间成绩提高，现在成绩下降了，也没有任何关系，你需要尽快把两件事做好：第一，吃得了苦，耐得了烦，享得了福；第二，要去学会尊重每一个人的人格。但是，在人格上尊重他人，并不等同于和每一个人都能一起相处。要学会了解他们，学会感受世界的精彩。从这个角度去看问题，你就不会痛苦反而自得其乐。我作为一个老师，和每一个分数层次的同学都有的聊。因为我在上学的时候，和班级里每个分数层次的同学都处得来，从他们身上学到了很多东西。

我今天可以和那些高级知识分子坐在一起，谈思想、谈文化、谈哲学。回到农村去，我也能和隔壁大爷聊一聊今年的收成，今年的庄稼应该怎么种，讲一讲家长里短。人要上得了厅堂，又要下得了厨房，这才是一个人应该去做的事。很多人的思维还停留在只能上厅堂，不能下厨房。真正有思想的人，不但能在台上西装革履地和别人去谈大事情，回了家扎上围裙也能做饭，这才是一个大人物应该做的事。

老子有一句话说得很好:"治大国,若烹小鲜。"一个人能在复杂的环境当中生存,是多好的一件事。治大国是你能把自己的学习搞好,烹小鲜是无论身边的环境如何,都能活得怡然自得,如鱼得水。即使班主任把你换到另外一个环境,你依然活得很好,这是一种境界。将来考上大学或参加工作,既能坐在办公室里写文件,也能去工地一线干苦活。你不会觉得,自己一个堂堂大学生,怎么跑到一线去了呢?怎么可以下工厂呢?怎么可以下基层呢?你有更高的觉悟,就能做更大的事情。因此,成绩暂时退步并非坏事,遇到自己不喜欢的班主任也并非坏事,即使被区别对待也并非坏事。当你展开怀抱去拥抱生活中的挫折时,这些不过都是你精进的阶梯。

如何有针对性地在课外学习？

　　我在学校教书的时候，曾听到一位班主任批评自己班里的学生："你们怎么这么不努力啊？其他班的同学周六日和寒暑假都在学习，不懂的地方还会请教各科老师，只有过春节休息一天！你们比一比，是不是觉得自己特别差劲？"

　　这位老师的观念，代表了很多师生和家长的看法。似乎补课越多成绩越好，孩子放学之后的每分钟都在补课，才能考上211、985大学。但是，我并不同意这种观点，我认为在课外多学习，确实可以提升学生的成绩，但也需要有针对性地补习，过度补习会起到适得其反的效果。如何做到有针对性地补习？这要看这个学生处于哪一个学习层次。

　　如果班中有50名学生，那么7～35名的孩子，我往往把他们称为中等生。7名之前的孩子是优等生，35名之后的孩子属于处在下游的学生。中等生的群体最大，所以我把中等生的群体又分为三类：7～15名的孩子属于中等偏上，15～25名的孩子属于中等，25～35名的孩子属于中等偏下。孩子们在学校里学的东西包括三个方面：知识、方法、思想。结合刚才划分的几个层次，再去结合孩子们在学校里所学的知识、方法、思想，我们可以明确处于35名之后的孩子缺的是知识，那些老师上课讲的内容，以及下课留的作业，在他们的脑袋中都是空白。

这类孩子不需要找老师补习。他要做的是把学校里发的教材从头到尾认认真真地多读两遍，把知识点写到纸上。他但凡把这件事情做了，脑袋里就有东西了。之后他就能够从35名之外走到35名之内。排在25～35名的孩子，也就是班级里面的中等偏下的学生，他们的脑袋虽然有东西，但并不够用，更不够准确。他所知道的这些东西，在脑袋当中若隐若现，好像知道又好像不知道。如果运气比较好的话，在考试和做题时能想起来知识点并把题目解出来，运气不好的时候他就想不起了。

对于15～25名的孩子，只需要问一问他关于这门学科当中学到的那些东西，他知道有哪些呢？让他打开课本以及在上课做的那些笔记，把这些内容写到另外一个本子上，并确定这些东西他都是知道的。对他所知道的东西，做到八个字：越多越好，越熟越好。纯粹的中等生用一句话描述特别好，叫"一瓶不满，半瓶晃荡"，他总觉得自己学得没有问题，但是对于知识点和题目又掌握得不够扎实。

比如，这个模块里面总共有 100 个点，当他掌握了 80 个点的时候，觉得可以交差了，剩余的东西不需要再去花费更多的时间和精力。那么对于方法，他觉得他只要能够跟着老师走下来，能把老师所讲的这些东西弄明白就可以了。对于思想、方法，他也会稍微琢磨一下，凡事只追求三个字：差不多。所以，中等生的核心问题是：第一，在知识上，要确保越多越好，越全越好，越熟越好；第二，对于方法，要确保不仅要知道，还要做到走一步看三步，能够在拿到这个题目之后，就看到这道题的每一步是怎么走的。

除了中等生和排名下游的学生之外，排名在 7 ～ 15 名的中上游学生，是否需要补课呢？这类孩子在知识这个层面上，相比 15 ～ 25 名的孩子，更加精进了一步，他们精进在哪里？从考试答题的情况就能够看出来，这些孩子做简单题基本不出错。简单题核心考查的是知识。这类孩子在中等难度的题上更容易出错。排名前 7 名的孩子，在做中等题的时候，都有一些共同的特点：第一，答题的过程很完整；第二，答题的过程很精细；第三，书写所花费的时间很短。7 ～ 15 名的孩子，在做中等难度的题目时，答题过程也能够完整地走下来。但是，书写不是很漂亮，总是会有一点点的瑕疵。以满分 12 分为例，他们的答案总是会扣两到三分。

所以，对于排在 7 ～ 15 名的孩子，我们要解决的不是知识而是方法。从解题方法的角度来看，他们的问题不是听课的时候跟不上，也不是不能独立完成作业，更不是不能用自己的语言完整答题，而是无法用非常精简的一句话，把知识点和答案描述出来。当他能用自己的一句话描述出来问题的解决过程时，他就能够从 7 ～ 15 名，提升到 7 名之内。他们只需要把知识和方法这两个维度的问题彻底地解决好，就能够从成绩中等的群体进入优等生的群体了。

排名在 7 名之内的孩子，要解决的核心问题是难题。如果一道题只考查知识，它就是简单题。如果先考方法再考知识，就是中等题。如果既考想法，又要考方法和知识，那么这道题就是一道难题。排在 7 名之内的孩子，是否要好好训练一下难题呢？并非如此。排名在 7 名之内的学生，要在中低等难度的问题上花更多功夫，要在自己能力范围之内的事情上做文章。做题时的想法是从哪里来的？是从对于解决过的问题不断地总结归纳而来的。成绩优秀的学生至少要拿出 80% 的时间，训练自己能力范围之内的简单题和中等题。对这些题目涉及的知识和方法，一遍又一遍地进行总结归纳。

为什么要这样操作呢？因为解题有三个境界：第一境界叫一题多解，第二境界叫多解归一，第三境界叫多题归一。对自己能力范围之内的问题不断进行总结归纳，就是多题归一的过程，而只有做到多题归一，才能够体会到飞一般的解题速度。

这样下来，排名在 7 名之内的孩子就能做到遥遥领先了。

所以，一个孩子如何补课取决于这个孩子处于哪个层次，取决于他身旁的指导者如何看待他在学习上所存在的问题。

当然，如果孩子能从我刚刚的分析出发自发解决问题是最好的；如果不能做到，做父母的能带着孩子去做也可以；若是父母做不到，也可以向老师请教，帮助孩子从自身层次出发解决问题。

假期抓学习，你该这样做

每年假期都有家长想抓一抓孩子的学习，但抓来抓去怎么也抓不出来成绩。为什么会这样呢？因为家长没有搞清楚三个问题：第一，在假期里我们应该抓什么？第二，怎么抓？第三，在抓的时候应该注意哪些问题？我认为，孩子在假期里学习的时候，务必要注意两个原则和一个工具。

第一个原则，观察自己在假期里的学习是否走心。不要着急学习新知识，而是要问问自己在刚刚过去的学期当中，自己所学习过的内容是不是足够通透。一个人对所学习过东西的把握有四个层次，分别是：了解、理解、掌握和运用。

你的成绩之所以在班级里处于下游，原因在于你对于你所学过的东西只处于了解的层次。之所以成绩处于中游，是因为你对于所学过的东西只处于理解这个层次。之所以在班级里面还不能够达到顶级水平，是因为你对于所学过的东西虽然掌握了，但不能很好地运用。在假期里，需要彻底掌握上学期所学的知识，达到抓学习的目的。如果能够从掌握走向运用，新学期开始之后，你大概率会成为班级里的尖子生。所以，家长们要把握住第一个原则：走旧不走新。不要着急学习新的知识，而是要把旧的东西搞好。通过把旧的东西搞好，扎实基础，获得举一反三的效果。

第二，把握好二八原则。你在上学期用了四个多月的时间，学习了很多内容，想在这两个月时间，把知识点和题目全部都弄通透，这并不容易也不太可能。二八原则就是要把上学期所学内容当中还不够通透的 20% 找出来，拿出 80% 的暑假的精力去解决这些问题。也许有人会认为，当我拿出 80% 的精力去解决我上学期 20% 的内容，剩余的 80% 的内容不明白，下学期也学不会啊。但是，当你拿出 80% 的精力，把那 20% 的内容搞通透之后，你就有能力用 20% 的时间去解决那 80% 的问题了。

如何确保你能把问题弄通透呢？你需要一个工具：总结归纳。你要花 80% 的时间，去把那 20% 的问题进行不断的重复，在重复的基础之上不断地提炼它，进行总结归纳。"总结归纳"这四个字很多同学都听过，但具体怎么做可能没有老师教给他。

其实，总结归纳总共分为八步：

第一，这是一个什么问题？

第二，你是基于怎样的特征来说明它是这个问题？

第三，这个问题的解决要从哪里开始入手？

第四，解决这个问题要遵循怎样的先后顺序？

第五，这个问题有怎样的阶段性的目标和总目标？

第六，这个问题在解决的过程当中都使用了哪些工具？

第七，在这个问题解决完成之后，我们要把整个问题的解决过程在头脑当中过一遍。

第八，把问题的解决过程以极快的速度再写一遍。当你按照这些步骤进行归纳总结之后，在新学期考试的时候，你会发现自己的成绩比上学期进步了一大截。

怎么判断孩子是否开窍了？

　　我在给孩子做指导的时候，很多家长觉得很神奇，为什么我能从一个孩子初高中数学的学习成绩，看出这个孩子开窍的程度？其实，不用看一个孩子初高中的数学成绩，从学习模式就能看出这个孩子是否开窍了。我经常和家长说，如果孩子开窍到十分，这个时候你就会发现，在学习的过程当中，不用纠正他学习态度的问题。因为学东西对于他来讲，已经成了一种本能化的行为，甚至是一种享受。他看见这个东西的时候，可以很自然地解决好。

　　打个比方，你正在吃饭，拿筷子把盘子里的肉往嘴里放，就是一种本能。不用思考嘴在哪里，直接放进去就可以了，这些孩子学习就是这种状态。又如，眼前有道数学题或者物理题，他看一眼题就能顺手把它解出来。这和态度是没有关系的，而是他的脑袋已经开窍了。他很明白这道题目，是很客观的东西，和主观没有关系。

这种孩子在人群当中，只占相对很少的一部分。一般来讲，一所学校里的同一年级，能有两三个这样的孩子。大多数孩子都是开窍七八成，或者说八九成。这类孩子在学习的过程当中，需要稍微用点劲，但不需要使特别大的劲。只要他整体的学习行为符合大众的要求，按部就班地上课，按照老师提出来的要求完成作业，并不需要特别积极的奋斗，也能比较从容地完成学业。这类孩子的学习成绩也是相当不错的，在中考数学满分120分的前提下，能考113～117分。高考数学满分150分的话，基本上应该在130分上下，有的能达到将近140分的水平。所以，对于这种孩子，做父母的并不需要操心。

很多家长都和我说："哎呀，我家孩子的学习主要是态度问题，李波老师快帮我教育他吧！"事实上，孩子的学习成绩达不到预期，还谈不到态度的问题，而是开窍的问题。只要开了窍，学习态度自然会很端正。不需要孩子头悬梁，锥刺股，只要正常走就可以了。

那么，哪一种孩子特别容易被父母理解为存在学习态度问题呢？就是脑袋开窍五到六成水平的孩子，他只有非常努力地去学习，成绩才能够保持一个中上游的水平。比如，中考数学满分120分，他很努力之后，水平能够保持在108分左右。高考数学满分 150 分，基本上能保持在 120 分左右。这种孩子使劲之后，能达到这个水平，不使劲成绩就会下滑。比如，中考数学满分 120 分，他不使劲学习，只能考 90 多分甚至 80 多分。到高中的时候数学满分 150 分，如果不使劲，基本上只有 80 分的水平。

很多家长认为，我家孩子就是不努力，努力一下成绩就上去了。这就表现为成绩总是高低起伏，这个问题的本质是学习能力的问题，脑袋没有彻底开窍。很多时候，我们的脑袋一旦开窍了，我们就可以对外部的事物看得很通透，能够看到世界的真相、人生的真相、社会的真相。你把真相都看明白了，学习态度很轻松就能端正。如果家长发现了孩子的成绩波动很大，成绩好的时候他是一个相对优秀的成绩，差的时候和中等生的水平差不多，一定不要把这个问题单纯地定性为学习态度不好，而是和他的学习能力有相当大的关系。这种孩子在学东西的时候，最大的特点是处于灵感层次，做题时灵时不灵。简单题看起来都会，中等题也能会七八成，难题有一半会做，但是考试成绩下来之后只能拿到七成的分数。他总会高估自己，为什么呢？就是"一瓶不满，半瓶晃荡"。觉得自己的水平很高，实际上总是差那么一点点。

这种孩子的思维能力是有缺失的。比如，他们思维的敏感度确实有一点，但是这种敏感程度就像黑暗当中一盏恍惚的烛火一样时隐时现。眼睛似乎能够看到，但是始终抓不住。开窍开到八九成的孩子就清清楚楚地看到，即使闭着眼睛也能抓住那一点亮光。因此，开窍到五分的孩子，他们思维的敏感度需要继续加强。

同时，这类孩子在思维强度上也有缺失，到难度稍微大一点的题目，就会觉得头疼。当孩子头疼的时候，他就想歇一歇。这时父母就开始骂他，怎么才努力两天又躺下了，肯定是学习态度有问题，实际上是他的学习能力不行。

如果家长总是这样批评孩子的话，孩子可能会彻底躺平摆烂。他心里会想，反正我也这样了，索性就不干了。父母不要总是批评孩子，而是应该多多鼓励，尤其是成绩波动比较频繁的孩子，一定不要把问题归结到学习态度上面，而是先把问题归结到能力上。但是，当你归结到能力上的时候，也要照顾孩子的自尊。为什么他的思维敏感度不够高呢？因为他的脸皮比较薄，不敢突破现有的思维状态。你反而要在学习态度上鼓励他，鼓励之后，还要帮他找那么一点理由，做一点开脱，让孩子能下得了台阶。

对于没有开窍的孩子，父母要想尽一切办法，用最原始的手段让孩子开窍。一个人获得外部知识的方法，无外乎听说读写。所以，孩子在读写的时候，手和嘴都要动一动，还要用眼睛去看一看，用耳朵去听一听。思维敏感度的实质性提升，需要比较长的时间。当他能够进入良性循环时，成绩大概率会稳定提升。

让孩子爱上阅读，其实很简单

前几天，一位家长给我留言说："李波老师啊，我家孩子特别不爱看书，放学之后就拿着手机打游戏。只要拿起一本书，就眼皮打架，不一会儿就睡着了。您说这样的孩子，怎样才能让他爱上读书呢？"

怎么才能让孩子喜欢上阅读呢？这是很多家长都问过我的问题。要回答孩子怎样爱上阅读，先得看一看做父母的是不是有文化。文化水平偏低的父母，在培养孩子阅读兴趣的时候，手中能够调动的资源不多，对于阅读这件事情的理解也不一样。而且父母文化水平的差异，导致他们培养孩子阅读兴趣的方式方法也大不相同。文化水平比较低的父母，在培养孩子阅读兴趣的时候应该注意哪些事项呢？

大声朗读法

这类父母在培养孩子的阅读兴趣的时候，一定要注意一个分水岭，这个分水岭在 10 岁左右。10 岁前后培养孩子阅读兴趣，有本质上区别。孩子不到 10 岁的父母，尤其是文化水平低的父母，最需要做的一件事情是朗读，就是大声把书上的内容读出来。读什么并不重要，重要的是大声朗读这个形式。而且在读的过程当中，最好能够把孩子带动起来，通过你大声地读来带动孩子读书的积极性。为什么 10 岁之前可以干这件事情呢？因为 10 岁之前的孩子自主的意识并不是很强，还能够被父母的情绪影响。如果孩子 10 岁之后家长再想通过这种方式去影响他难度非常大，几乎不可能。

通过朗读的方式，可以让孩子对文字有起码的感受力，再通过对文字感受力的培养，让孩子慢慢沉浸在阅读的过程当中。如果父母还能够讲究一点情调，在阅读时放一些舒缓的音乐，朗读时能有高低起伏和抑扬顿挫。在读的时候会感到很兴奋甚至手舞足蹈，这样的效果会更好。家长可以和孩子比拼一下，看谁读得好。只要坚持三个月左右，你就会发现孩子已经喜欢上读书，而且能够慢慢进入书里去了。

如果孩子在 10 岁之后，父母才开始培养孩子的阅读兴趣，难度马上提升两到三个台阶。因为 10 岁左右的孩子，快要进入青春期了。这个时候，父母依然可以做朗读，只不过很难再拉着孩子一起读了。前期的铺垫不足，导致孩子对于阅读这件事情从内心深处有排斥。所以，关键是从现在开始，把家里的阅读环境和氛围建设起来。家长一定要记得，想培养孩子的阅读兴趣，并不是去求孩子读书，也不是训练他阅读，而是让孩子自己有阅读的感觉。

家长每天至少要花半个小时的时间去大声朗读。借助朗读的过程培养自己阅读的品位。当你的阅读品位提升了，孩子会发现"父母在和我说话的时候，有了人文的关怀，有了对我的尊重"。他会从父母的身上感受到阅读给人带来的变化，以及这种变化引发的良性结果。

其实，父母对孩子阅读兴趣的培养，是通过家长自身的成长和改变去影响孩子的。父母要真的喜欢上阅读，孩子才能在潜移默化中逐渐爱上阅读。对于文化水平偏低的父母，只有让阅读真正变成自己的习惯，才会有阅读的沉浸感，才能让孩子也感受到阅读的乐趣。

小声默读法

培养阅读兴趣最直接的办法，就是大声朗读。如果说大声朗读累了，你还可以小声默读，小声默读的时候要走来走去。我经常在直播当中给很多家长提建议，就是读书时要举起手来打拍子，感受到阅读的活力和快乐。

有一位妈妈对我说，她之前看很多书都看不懂，但是按照我的方法操作之后，发现以前看不懂的那些书能看懂了，她现在每天都要找书看。这就是找到了阅读的乐趣，达到了自娱自乐的状态。当你有了这种感觉，在和自己的孩子交流时，交流的感觉就会发生变化。孩子在家里就能感受到文化氛围，也形成了家长对孩子的人文关怀。当父母变成了文化的载体，书籍成为我们精神生活必不可少的养料，我们就能体会到"一日不读书，心源如枯井"的感受。

那么，文化水平比较高的家长，是不是天然地就能培养出热爱阅读的孩子呢？也许有人会觉得，这是当然的事情，毕竟父母的文化修养摆在那里，孩子怎么会不热爱阅读呢？我这些年在教学中发现，其实不然。虽然文化水平比较高的家庭，培养出热爱阅读的孩子的概率相比文化水平低的家庭要高一些，但这并不等同于父母的文化水平高，孩子就一定对阅读感兴趣。举个例子，我教过一个孩子，他的父母都是大学教授，孩子却特别不爱读书。只要拿起书本，孩子就觉得头疼。当我问他原因时，他说自己从小的生长环境，就是父母埋头看书相互不交流，自己觉得在这种家庭环境当中特别压抑。所以，现在只要看到书，就觉得很厌烦。

因此，父母的文化水平高，并不意味着孩子必然热爱阅读。从上述例子就可以看出，父母可能已经体会到了阅读的乐趣，但是在孩子看来，正是书籍让自己和父母产生了隔阂。为什么会出现这种问题呢？因为父母在阅读时，忽略了重要的一点，就是给孩子讲书，把自己读到的知识讲解和分享给孩子。尤其是在孩子10岁之前，父母在看书时一定要给孩子讲书。要把你这么多年所读过的书，尤其适合10岁左右年龄阶段孩子读的书，其中的内容主动讲给孩子听。这样才能让孩子也感受到阅读带来的乐趣，而不是自己埋头读书，不管孩子作何感想。

我并没有建议文化水平低的父母给孩子讲书，因为父母受到自身文化水平的限制，可能无法给孩子解读书中的内容，而且讲出来的内容也不一定正确。所以，这些家长最好的做法是诵读，用自己的情绪去带动孩子和自己一起阅读。但是，文化水平高的父母则不一样，他们具备给孩子讲书的能力，应该每天抽出一点时间，哪怕只有5到10分钟，也要坐下来给孩子讲一讲书中的内容。

讲书的时候，最好不要拿着要讲的那本书，因为有文化的父母特别喜欢拿着书本，指着书上的文字给孩子读。这样不仅讲了书，还能把书上的字认了。但是，这样容易让孩子有一种家长在强迫自己读书的感觉，是父母在给自己上课。你只需要讲书就可以，千万不要带书让孩子指着念。

家长在讲书的时候，要绘声绘色甚至眉飞色舞一点，把自己当成孩子的同龄人，在读到一本特别好的书之后，非常想把这本书的内容分享给自己的朋友，这样说书有一种把自己和书本合二为一的感觉，也容易和孩子拉近距离。这是文化水平高的父母，在孩子 10 岁之前要做的事情。

孩子 10 岁之后，你不仅要给孩子讲书中的故事，更重要的是讲书中的道理。但是，讲道理的时候切忌说教，而是要将道理和具体的事情结合，让道理有载体。文化水平高的父母，最大的一个优势就在于他们具有反思精神。所以，在讲道理的时候，要把这种优势发挥出来。尤其要结合自己几十年的人生经历，把书中的道理和自身的经历合二为一，让孩子产生共鸣。

父母在和孩子谈自己的认识和理解的时候，不是在命令孩子要怎么样，而是通过对自己人生过往的反思，并且结合书籍里的某一段话，来谈一谈自己的一些思考，而这种思考应是无处不在的。比如，吃饭的时候可以结合自身的人生经历和书里的一句话，去谈一谈自己经历过的一件事情，以及从这件事情中获得的人生经验。但是，在交流的时候不要太刻意，而是拉家常的那种感觉。当你把这些做到的时候，你会发现孩子越来越喜欢读书了。

第三章

提升分数，
先要升级认知

恐惧是成绩下滑的根源

娜娜有个毛病，考试当天经常闹肚子。越是重要的考试，肚子疼得越厉害。有一次期末考试，娜娜准备了很久，非常想提高自己的成绩。她平时在班里排在中下游，共40名同学她排在30名左右。但是，考试当天娜娜的老毛病又犯了，一天两场考试，跑了三次卫生间。考试成绩出来之后，在班里的排名不但没有提高，反而下降了两名。娜娜的父母也带她去好几家医院检查过，结果体检报告都没有问题。娜娜觉得特别苦恼，又咨询了心理医生，医生告诉她，这是一种心理应激反应，暂时也没有好的解决办法。

我问娜娜："你在考试时，心里具体想的都是什么呢？"

娜娜对我说："李老师啊，我在考试之前心情特别焦虑。总是在想一个问题，这次我如果考砸了怎么办？这次考试成绩不如上一次怎么办？我付出了这么多努力，没有得到回报怎么办？越想越害怕，肚子也就疼起来了。"

我觉得，娜娜肚子疼的毛病，主要源于她的恐惧心理。越害怕考试就越考不好，下次考试的时候更恐惧，结果陷入了恶性循环当中。要解决这个问题，我们就必须搞清楚恐惧源于什么？

我觉得恐惧本身并不可怕，我们对这件事情本身的解读，是你感到恐惧的成因。比如，总共有九门学科，其中有一门学科的成绩下滑了，你给自己成绩下滑的现象做了解读。你对这件事情的解读，把自己的问题宽泛化了，并非这个学科本身的问题。也许，这次数学成绩的下降，是因为函数章节的知识没有掌握好，但是你的自我解读是根本学不好数学，是自己数学能力的问题，这就是典型的问题解读宽泛化。只要你的解释宽泛化，必然会影响你在某一学科的发挥。

所以，你要学会养成一种思维方式：事情并不总是线性上升。比如，这次考试满分 100 分，你考了 80 分。第二次考试考了 82 分，第三次考试的时候，你希望考多少分？可能是 84 分。但是，事实会不会随着你的想象发展呢？这一次考 84 分，下一次 86 分，再下一次 88 分？不一定是这样。我们上了这么多年学，总是希望这次考试的时候，在班级里的排名不断提升。期中考试考了第七名，期末考试就能考到第六名，下学期就能考到第五名。就像父母经常对我们说的那样："孩子呀，要努力学，这次考试我们进步三名，下次考试我们只需要进步一名，再下一次考试只需要再进步一名，我们就一定会排到前三名！"这句话我们听了很多年，但事实是什么呢？这次你进步了三名，下一次不一定能进步三名，甚至还有可能退步一名，这才是事情的真相。

因为这个世界上，不是只有你一个人。除了你之外，还有很多努力的人。当你想要往前走的时候，别的同学也在想着往前走。

当然，也有同学会说，我对自己目前的排名很满足了，有的同学可能在这个过程中也觉得无所谓，甚至完全不学了。但是，力争上游还是大部分同学的学习状态。我们生活在一个复杂的、变化的世界，不是完全凭着个人想象发展的世界。比如，我这次考了80分，下次只要多考2分，就能考到82分了。下次我再多考2分，就是86分了。这不是世界演变的规律，最终的结果是我们每一个人都无法进行把控的。

这个世界是一个复杂的主题，你考多少分并不由你单方面决定。考试的内容和难度都是你无法预测的。这些不确定的因素导致你考砸了，你就认为是自己能力差。进而把这种负面的情绪无限放大。你可能会想，我做什么都做不好，是不是没救了？在这种复杂因素的影响下，你会对考试感到恐惧，心态特别差，分数一次比一次低，最终形成恶性循环。

其实，考试成绩下滑可能只是一个偶然现象。打个比方，你是怎么知道李波老师的呢？肯定是一个偶然的机会。父母在网上浏览文章的时候，看到李波老师的视频或者文章，又或者读了李波老师出版的图书。他们可能觉得，这个小伙子长得还是蛮帅的，我听听他说了什么。听了两句，觉得还是蛮有意思的嘛，那我再多看一看吧。看着看着，觉得我家孩子是不是可以找他咨询一下呢？就是这样一个偶然的机会，才有了我们的相识。

是不是说如果没有李波老师的存在，同学们就没有办法搞好学习呢？不一定。同理，你某一次考试考砸了，这只是一个很正常的偶然现象。在接下来的学习当中，要找一找这次偶然现象背后的必然原因。去发现是什么样的原因让自己没有考好，从客观的角度去分析这个问题。也许把这个问题解决了，下一次考试就能够更好一点。如果你能这样思考成绩下滑的问题，不但可以摆脱对考试的恐惧心理，还可以让自己的学习进入良性循环。

那么，我们应该怎样去努力，才能最终提升成绩呢？我觉得，这最终取决于你的训练程度，以及你心态的稳定程度。考试的分数是训练出来的，取决于你的解题能力。考试不就是通过根据解题的过程和结果，去测试你的学习水平，给出分数吗？解题能力取决于你的知识理解水平。考试也是在考查你上课所学的知识到底听懂了几层。你对知识的理解程度，决定了你在解题的时候做得怎么样，这些都可以通过日常的解题训练解决。但是，你为什么这样想问题，最终取决于你的个人性格特征、人格特征，或者你做人做事的品质。

最难解决的是什么问题？是人的性格特征、人格特性、做事做人品质的问题。比如，某次考试你因为第一科没考好，所以其余科目的考试都没有参加，这说明你是一个意志不够坚定的人。你经常心慌，但凡一件事有点重要，比如一次关乎排名的期末考试，从半个月前你就开始忐忑。小心脏怦怦怦直跳，晚上睡不着觉。上课的时候，恨不得把老师讲的每一句话都记到你的小本本上，平时上学也显得非常不淡定。

我总结过学生上课的时候，身体有三种状态：第一种状态叫学神，第二种叫学霸，第三种叫学恐。7 ～ 30 名的同学一般都没有气定神闲的感觉。很多成绩中等，尤其是成绩不稳定的学生，经常是这样状态。

这类学生缺的是不能沉下的心。是内心不够坚定，内心深处总是充满对这个世界的恐惧。实际上，心中无敌，方能无敌于天下。破山中贼易，灭心中贼难。假如你总是对考试和学习产生恐惧心理，内心深处一定藏着一个小小的敌人。那个敌人在你的体内，不是在外面。你所有恐惧的来源其实都是你的想象。

所以，分数是可以训练出来的，要把分数稳定下来，则需要你把自己的心神稳定下来。分数下滑的根本原因并非考试或者学习能力不足，而是内心的定力不足。形成内心的定力，并非一蹴而就的事情，它需要你长期的反思和修炼。你也许无法在学生时期就实现内心的稳定状态。但是，如果你已经意识到自己的问题并在不断改进，你就已经超过了绝大多数的同龄人。

当然，如果在意识到自己问题的基础上，解决掉自己的认知后，还能经常刻意地做一些正念训练以及精神内敛的训练，恐惧考试的心理就能很快化解了。

打破你的认知惯性

　　小丽是个很努力的孩子，可是得到的结果和自己内心期待的差距有点大。她觉得心里很堵，郁闷得不得了。我在和小丽的沟通中了解到，她在上数学课的时候，总是跟不上老师的节奏。老师一节课会讲一张卷子的题目，这道题可能她还没听懂，老师接着就讲下一题了。小丽听完之后觉得有些问题解决了，但还有很多题目自己没有听懂。尤其是稍微难一些的题目，诸如列竖式、方程式等，即使自己聚精会神地听课，也没法跟上老师的思路。

　　很多时候，老师刚讲完第一道题，她还没琢磨，老师就开始讲第二道题了。第二道题还没完全理解时，老师又开始讲第三题，一堂课就这样过去了。感觉自己这堂课很忙碌，脑子一直跟着老师的思路转，笔记也做得认真，尽力跟上老师的节奏，但下课后回顾这一切时，却感觉自己什么都没学会，最后考试成绩也不理想。

在这几个月的时间里，小丽都在很认真地听老师讲的知识点，但是因为老师讲得太快，课后总是头脑发蒙。课后写作业的时候，有一些知识点听课的时候理解得比较含糊，做作业的效率比较低，尤其是那些半生不熟的题目，在做作业时很难做出来。

小丽为什么会出现这些问题呢？我认为，孩子的认知能力有限，是造成这个问题的原因。

举个例子，我曾经是一名从教 15 年的高中数学老师。如果我做一份高考卷子，是不是一定能考满分呢？我感觉不一定。如果再给我 15 年或 30 年备考，我是不是能够 100% 地考满分呢？也不能。我即便学了 30 年，也不敢说自己对高中数学的认识一定有多高的水平。一个人对一个事物的认识，再怎么努力研究，也不可能 100% 通透。即使像我这样的数学老师，在学习数学的时候尚且无法完全通透，一个未成年的孩子更难以做到游刃有余。

前些年还允许补课的时候，有一个初三的学生，还有两个多月时间就要中考了，当时他的数学成绩是 90 分出头。在找到我辅导之前，他找过很多老师。有一对一上课，也有大班、小班课，甚至还找过教研组的老师给他补课。补课的时候，老师说："哎呀，这个孩子基础还可以。应该多练练题，成绩很快会上去。"结果补了很多课，考试成绩下来原来考多少分，之后还考多少分。

这位同学找到我的时候，距离中考还有两个月。我安排一位老师给他讲课，我对这位老师说："接下来咱们用六到八个小时，让他的数学突破 105 分。"

我们是怎么做的呢？我先举个例子，一个老师一个半小时能讲完一份试卷，而我对老师的要求是，在一个半小时内讲完两份试卷。这位老师在一个半小时内讲了两份试卷，学生听完后肯定不能完全理解。老师为了完成这两份试卷的讲解，语速也非常快。第一道题还没明白，第二道题就来了；第二道题还没怎么明白，老师又开始讲第三道题。这名学生听了一个半小时后，什么也没听懂，而且感觉脑袋都快炸了。

我对老师说："你下课的时候，一定要记得问孩子脑袋蒙了吗？有没有想爆炸的感觉？如果他有这种感觉，说明咱这堂课上得特别有效果。"用这种方式上了六到八个小时的课程之后，这位同学的考试分数一下子提升到了 107 分。

我们为什么这样训练孩子呢？老师以很快的速度带着你往前走，是在培养你的什么能力？用四个字概括就是：思维惯性。比如，我今天问你一个问题，一加一等于二，二加二等于四，四加四等于八，八加八等于十六。以非常快的速度去提问和回答，让你不需要刻意地去记它。老师训练你的速度极快，你如果反应不过来，老师就从头再讲一遍。你在训练的过程当中，从来不用想着理解老师所说的东西，只是去感觉它，你已经把自己忘掉了。你是谁？你在上数学课的时候是谁？你就是自己的数学老师，只需要跟着老师的思路走就行了。这个时候老师又出了一道题，你可能都不用动脑，就能把答案写出来。为什么会有这种效果？因为你的认知能力变强了，解题能力也会随之提高。

所以，如何提升孩子的认知能力，突破认知壁垒呢？要培养孩子解决问题的思维惯性。养成思维惯性之后，能够解决两个问题：第一，会做的题目基本上能做对；第二，不怎么会的题目能猜对。

自从用这种方法训练孩子之后，这套方案也逐渐成了我们的一个基本训练方法，叫作考感训练。这是我在分享中经常提到的提分训练，同时也是我在我的"走心家族"当中常常谈到的面化训练。

你的数学老师以怎样的一种方式讲课，是你作为学生控制不了的，那是一个老师的授课风格。比如，如果你听过我上课，你会发现我说课本是根本，会把一道题颠过来倒过去地给学生讲好几遍。这是我的其中一种授课风格，可能我在一节课中只讲了一道数学题，但我会让学生读 20 遍数学概念，直到彻底理解透彻为止。

但是，针对不同的情况，我也可能会用 45 分钟给同学们讲

50 道题，这意味着平均不到一分钟就讲完一道题。如果你动脑去想这道题该怎么理解，你觉得能跟得上我的讲课节奏吗？跟不上。那么如何才能通过这堂课获得你真正想获得的东西呢？方法只有一个，把你自己变成老师讲课的那张嘴，不要去理解，只要跟着老师的嘴，顺着思路往前走就行了。下课后，当你回忆起今天的课程时，会发现老师讲了 50 道题，原来都是围绕着课本中的几个核心问题。

其实，每一个老师都有自己的风格，我曾经给老师们培训的时候，也会培养他们掌握不同的风格，让他们明白一节课可以讲无数道题，也可以只讲一道题。只有把这两种风格都做好的时候，他才是一个特别特别棒的老师。

但是，我们在学校当中，无法根据自己喜欢的风格选择老师。很多老师也只有一种授课风格，不会用其他的方式授课。作为学生，我们应该如何应对呢？要主动打破自己的认知习惯，逐渐形成适应老师的认知惯性。如何去适应呢？比如，周六、日能休息两天，你可以抽出半天的时间，把自己的课本好好地读一读，揣摩一下这一周老师讲的内容。假设你的老师在教室里，正在用一节课讲一张卷子，体会一下那种思维飞速运转的感觉。上课的时候只需要跟你的老师手拉手，他在前面跑，你和他一起跑。不要问老师先迈右腿，还是先迈左腿。你只需要牵着他的手，狠命地跟他一起跑，争取超过他。

这种方式在培养你解决问题的思维惯性，能够在快节奏的思维运转中，夯实自己的基础。好比一辆汽车，如果底盘不稳的话，不但跑不快还有可能随时散架。比如，有一种车型叫奥拓，那种车特别小，最大的问题是底盘有点轻。即便给它装上奥迪的发动机，奥拓也跑不过奥迪车。发动机虽然一样，但是底盘不同。所以车要想真正跑得快，底盘得稳还得重。从学习的角度来说，底盘就是你的基本功。如果老师讲得快了，不要说你听懂听不懂，你就跟他一起快，不要有任何心理负担。听老师讲课，要有和老师一起赛跑的感觉。心里默念比赛开始，你比他还要快。下课的时候就会有收获了，因为你的思维已经贯通了。

所以，我给小丽的建议是：在上课的时候，不要想自己是否明白了老师刚刚讲的问题，而要不顾一切地跟着老师，甚至想着去超越老师，动用自己的身体感觉老师所讲的内容。

这样下来，小丽的头脑就能被训练出来，会变得越来越灵敏。

拆掉思维里的墙

能力源于刻意训练

嘉文今年上六年级，有个问题困扰了他很长时间。他总是觉得自己平时学得不错，老师留的作业都能做对。但是，那些平时都会做的题目，上了考场之后就不会做了。虽然他看起来学习很努力，考试分数却总是不理想。比如，数学这门课程，他平时一般能考六七十分。在自己练习的时候，能比考试时多出十几分。如果把会做的题目都做对的话，数学应该能拿 80 多分。可见嘉文的基础知识掌握得还可以，但为什么没有体现在考试成绩上呢？为什么平时会做的题目，考试却不会做呢？我认为，是嘉文的学习思路出了问题。

于是，我问了他一个问题：如果把学过的知识分为三个部分，第一个你会的，第二个你有点含糊的，第三个你平时不怎么会的，在考试之前复习的时候，你会重点复习哪一部分的内容？嘉文说，他会重点复习不会的。从他的复习重点来看，这样做很容易导致在考试时，把平时会做的题目也做错。因为人的记忆都有周期，即使一个知识点在当时掌握得很牢固，考试之前不复习的话，也很容易遗忘。

像嘉文这种情况的学生，应该尽快调整自己的思路。在考前复习的时候，重点复习已经掌握的内容，甚至要将80%的精力放在这个部分。比如，数列这部分内容我已经掌握，在考试之前要复习一下。最好自己再写一遍那些会的问题。然后，20%的精力放在你觉得有点含糊，但是可能会的知识点。那些平时我不会的，或者上课我没听懂的问题，在考试之前我先不碰它。这样我们上了考场就能够确保自己原本会的题目，大多数都能做出来。这样调整学习思路，并训练一段时间之后，嘉文的考试分数比之前高了很多。

通过嘉文的这个案例，很能说明一个问题。我们在平时学习的时候，对于自己认为会的那些东西，掌握得可能并不是特别扎实。我常说，能力是训练出来的，掌握得不扎实是什么意思呢？本质上是训练得不到位，或者训练思路出现了偏差。一个人做一件事情做得特别好，并不是天生就能把这件事情做好。而是在做这件事情的过程当中，按照正确的方法，刻意去要求自己把这件事情做好。当他这种刻意训练达到一定程度的时候，才会由量变产生质变，扎扎实实做好这件事情，或者掌握这项技能。

比如，老师上课的时候讲了一道题或一首诗。水平高的孩子在上课的时候就要求自己一定要把这首诗记住。他无非就是多读几遍诗，默默记住。而另外一个同学，也听老师讲这首诗。他说："老师讲了，讲了就讲了呗。老师说要记，现在又没什么用，我就不背了。"他充其量把那首诗读了两遍，觉得差不多就可以了，实际并没有掌握。

那些刻意对自己提出要求的孩子往往会反复多练几次，结果会比其他人好一些。有些孩子的数学考试分数很容易就能考到 140 分，这种情况是很少见的。他们在做题时，看一眼题马上就能给出答案。因为在更早之前，比如上小学的时候，看见一道题他会主动去思考，而我们会相对被动一些。这确实有先天智商高的因素，但后天的刻意训练也起到了重要作用。所以，在考试之前应该把这个学期学过的内容，尤其是那些自己已经掌握的知识，好好再巩固一遍。让自己能够更快地把会做的题目做出来，把已经知道但有点模糊的知识再学清晰一些。当你能够把这些刻意训练做到位，自然就不会出现那些会做的题目，在练习或考试时不会做或者做错的问题。

学习效率低怎么办？

除了刻意训练之外，训练效率也是提升成绩必须解决的问题。每个学生的学习时长大体相同，学习效率直接决定了成绩的好坏。如果学生在做题的时候，总是静不下心来，碰到自己不喜欢的学科，或者不会的题目就从心里排斥，那么他的学习效率肯定不高。

学习效率不高的原因到底是什么呢？我觉得，并不是这名学生比较懒，而是他的心里没劲儿。看到作业或者题目的时候，心里总是会想：老师布置的作业那我就做吧。但是心里又不是特别想做。就像一棵放久的白菜，菜心已经发蔫的状态。比如，我今天晚上有作业，按正常速度做的话，可能一小时就写完了。但我担心把作业写完之后，我妈可能还会让我做别的事情，这样的话，作业我就慢慢做，反正熬到晚上九点钟，差不多也该睡觉了，所以九点把作业写完就可以了。

所以孩子思考问题的时候，缺乏主动驾驭或主动解决问题的意识，不想控制事情的发展，而是一点点随着事情往前走，如同随波逐流。比如，在学圆的面积时，有一道单独求圆的面积的题，他能够做出来。但是，一旦将这个知识点和其他知识综合起来考查的话，他会觉得有点麻烦，不想动脑子。如果长时间不动脑子，考试时脑子自然转不起来。一道需要拐一个弯的题目尚且能顺利做出来，但凡超过两道弯，就嫌烦不再做了。

在学知识的时候，还能将就听一听，记一记，但是，由于缺乏主动探索和思考问题的意识，在遇到稍微复杂一点的题目之后，头脑不够兴奋，学习效率会明显降低。

要想解决这个问题，应该先从思维的兴奋度去入手调整。思维兴奋度可以通过身体的兴奋带动，比如写作业之前，花五分钟时间动弹一下，做个快节奏的体能训练，让身体兴奋起来。如果你感觉学习有点累了，赶紧停下来运动一下。在写作业的过程当中，每隔30分钟放松两分钟。在这两分钟里，做一些高强度的快节奏运动，比如高抬腿、原地小步快走等。让你身体有一种发热的感觉，通过运动把思维给带动起来。

此外，在做作业之前，花2～3分钟的时间，先快速浏览一遍今天要写的作业和所涉及的内容，浏览不是一点点地去抠，而是你眼睛扫一遍就可以了。接下来开始做作业，先预估今天作业能用多长时间写完，如果在预估时间内写完了是很好的，如果超出了预估，再提更符合现实的时间要求。为什么要这样做呢？是为了养成主动规划自己的时间和行动的习惯。只有把要做的事情计划好，才不至于信马由缰地消耗时间。

如果能够在写作业时，用身体的运动带动头脑的兴奋，养成写作业前整体把握和规划的习惯，你会发现脑筋已经转起来了。

如何培养孩子主动学习的能力?

不论是通过运动使大脑兴奋，还是在写作业之前做好时间和内容的规划，都是形式上的训练。要想真正培养孩子主动学习的能力，关键还是让孩子的心智逐渐成熟起来。很多孩子的智商很高，成绩却不尽如人意，根本原因还是心智不够成熟。就像一个被画地为牢的人，一直无法突破当下的状态。要解决这个问题，必须打破思维中的墙，让孩子跳出原有的框框才可以。

有一位妈妈告诉我，自己的孩子有些晚熟。虽然小学快毕业了，但和同龄人比起来还是非常单纯。孩子的妈妈对孩子的学习抓得很紧，从小学一年级就一直督促着孩子学数学、语文、英语。但是，总觉得孩子的心里没劲儿，别人和他说一些比较深刻的问题，他也听不明白。虽然他平时也诚心和人家交流，人们都能感觉到他的真实，不过他对学习不怎么上心，从来不主动学习。他思考问题的方向，基本维持在四年级的水平。孩子的妈妈很苦恼，很想让孩子快速成熟起来，至少能够自己主动学习，但她不知道该如何应对这种情况。

我在前面提到过，晚熟的孩子尤其需要自信心，因为他们相对于周围的同龄人可能会担心自己做得不够好，从而产生轻微的自卑感。这时，给予他们充分的肯定尤为重要。此外，家长还需要帮助孩子培养做事的节奏感。如果孩子找不到做事的节奏感，那么他就很难产生主动解决问题的意识。只有当孩子的自信心和做事节奏感都得到提升后，他们的心智才能逐渐成熟，甚至是行动也会变得更加自信。

一个心智成熟的孩子，往往会有主见，表现得很自信，思考问题和驾驭问题的能力都很强。没有主见的孩子上课时经常有迷迷糊糊的感觉，虽然他也在听课，但是心思不在学习上。思维的状态很平缓，一点都不兴奋。没有很强烈的企图心，没有欲望要去控制事态的发展。

有些老师会认为，这样的孩子一定是学习态度出了问题。我却并不这样认为，他们只是面对学习的时候，没有思维的兴奋度和驾驭事物的欲望。这导致他的学业表现不好，对自己的认同感不够，在人群当中有一点小小的自卑，把自己的姿态放得比较低，特别愿意配合同学、老师。所以，老师看见这类孩子的时候，会恨铁不成钢，也会觉得这是个很好的孩子，从而陷入非常矛盾的状态。

对于这类心智尚不成熟的孩子，老师和家长要从两个方面给孩子提出要求：第一方面，是让他建立思维的兴奋度和驾驭感；第二方面，是对他的形体提出一些要求。走路的步伐要直，把小腹收起来，能够昂首挺胸，让他有一种立起来的感觉。当他有走路带风的感觉时，不只他的成绩能提升上去，各方面都会变好。

克服对数学的绝望感

　　在我教过的众多学生中，恐惧数学的不在少数。甚至从他们的眼神当中就能观察出来，只要学习数学，就开始怀疑自己的学习能力。很多孩子会觉得：我的数学成绩很差，可能上不了好初中。等上了初中他又会想：我这数学水平只能读一所非常普通的高中了。考上高中之后，他还是恐惧数学，会反复告诉自己：我只能上一所普通大学了。也许大学毕业之后，还会因为恐惧数学找不到工作，进而挣不到钱，只能啃老……这一辈子完蛋了。你有过这样的想法吗？

　　对于这样想的孩子，我只想说，千万不要否定自己。一定要记得，只要你的身体是健康的，智力是正常的，不仅能把数学学得很好，其他学科也都不在话下，而且只要你努力学习，一定可以考上一所不错的大学。所以要有信心，眼睛当中不要有迷离感，更不要自我怀疑。

为什么孩子的数学成绩提不上来呢？为什么解题时思路正确，结果却会出错呢？为什么明明听懂了老师讲的例题和知识点，考试时还是会犯错呢？要解答这些问题，首先需要对数学这门学科有一个准确的定位。数学是思维的体操，可以对我们的思维进行很好的训练。学数学的时间越长，相对来说，我们的思维就越缜密。

我的本科专业就是数学，虽然我现在不再担任数学教师，但我的思维依旧非常敏锐和严谨，这得益于数学本身对我头脑的训练。当你从这个角度来看问题时，你会发现解题时思路是正确的，但在计算过程中容易出错，这并不是思路的问题。你头脑中对于这道题有着正确的思维过程，这就说明你的思维是在线的。不要因为你的思路正确而结果算错了，就否定自己在数学这门学科上的能力。

面对数学问题有思路却总是算错，应该如何解决呢？这需要结合你的具体分数去找问题。如果你100分的卷子能考70分，思路正确，但是答案错误的问题排除掉，你能考80多分，基本能在85分以上。当你的分数升到85分，另外15分丢在哪儿呢？比如，小学六年级的学生经常在应用题上失分。虽然他们能认出题目中的每个字，但为什么会失分呢？这是因为应用题需要将文字语言转化为数学语言，即需要用数学的方式来表达文字信息，也就是写出正确的方程或算式。

以算式来举例，如果能把算式写对，有可能算出结果。但是把算式写错，则不能算出结果。这说明主要问题在于你无法将文字信息转化为数学语言。找到问题之后，你着重去提升自己的语言转化能力就可以了。

其实，每个数学成绩不好的同学，他们的问题并非没法解决。而是没有找准问题背后的原因是什么，也没有针对自己薄弱的部分扫清不懂的知识点。即使数学从来不及格的学生，也不意味着在数学上完全没有希望。这些学生的数学成绩之所以一直很差，只不过是没有解决的问题太多而已。把问题都解决掉，数学分数自然会提上来。

最难解决的不是数学能力方面的问题，而是学习数学的信心问题。当你没有信心，觉得自己学不好，看到数学题的时候，你就会本能地退缩。你会想，我是不是又要算错了？这么难的题我能做出来吗？这个时候你是不是只能小心翼翼地去做那道题呢？但是，做题时越小心，你越做不出来。你在写数学作业时会很慢，发现自己的脑袋转不动。想问题的时候，不知道从哪方面入手，只能趴在桌子跟前不知所措。除非有人提醒你赶紧做作业，你才能回过神来。

如果你出现了这种状态，要反思一下自己是从什么时候开始这样的。比如，从四年级开始，你的数学成绩开始下滑，心里产生了对数学的恐惧。那么，你在知识上的问题，一定出在四年级学过的知识当中。也许是有些知识点不理解，导致数学成绩下滑。你需要把这个阶段的数学书和题目找出来，把没有掌握的、困惑的知识点解决掉。这是在知识层面，破除你对数学的恐惧感。但更为关键的是从心理层面破除对数学的恐惧。

智商正常的学生在面对从小学到高中的数学知识时，先天具备的能力通常是足够的。因为我有20年的数学教学经验，对学生的心理、思维方式乃至基础能力都有深入的研究，所以才能得出这样的结论。恐惧数学的同学应该明白，你恐惧的并非数学本身，而是自己的认知问题。你把自己看得太低了，总觉得自己不行，经常暗示自己学不好数学。你越是这样自我暗示，在数学这门课程上，你的头脑就越不灵敏。

所以，恐惧数学的同学们，从今天开始，要记得有一位水平特别高的老师说过，学好数学并不困难。数学成绩不好全都是因为给自己脑袋上套了一个金箍咒，总是自我暗示自己的数学不好，结果把头脑念笨了。当你找到了数学学习中的具体问题，真正建立起学习数学的自信时，最多用两个月的时间，你会发现让数学成绩变得优异，是一件非常轻松的事情。

提分必须解决的三大问题

分数无法提高的问题在哪儿？

你的身边有没有这种同学？上课的时候聚精会神地听老师讲课，手中的笔疯狂地记着笔记，生怕错过老师讲的每一个字。课下抓紧每一个空当学习，恨不得上厕所的时候都在背书。晚上至少要学到十二点以后，各种练习册堆满了书桌。令人不解的是，考试成绩却总是不尽如人意。满分 150 分的卷子，成绩只能在 90 ～ 100 分徘徊。有时候发挥稍微失常一些，甚至还会分数"垫底"。总之，他们是老师和同学眼中公认的"好孩子"，尽管学习认真刻苦，成绩却总上不去。

理论上来讲，这些学生肯定是认认真真学了。但为什么成绩总是上不去呢？是什么让他们学习的用功程度、学习能力和实际的分数之间，出现了严重不匹配的现象？

根本原因是：杂乱。

虽然脑袋里装着很多知识，但这些知识往往是杂乱无章的，缺乏逻辑性和条理性。比如，当我把概率和数列的知识点具体地摆在你面前时，你肯定知道这些知识点，也能够迅速反应过来。但是，当我稍微改变问题的形式，你就无法立刻给出答案了。比如，你今天回到家，特别想找一本书。你知道这本书在家里，但具体在哪里则需要翻找半天才能找到。这正如考试，考试对你的要求是什么呢？它要求你在限定的时间内解决问题。

所以，你觉得平时学得不错，但考试成绩不尽如人意，无非是缺乏在有限的时间之内找到知识点并解决题目的能力。具体表现就是：

第一，时间不够。如果给你多两个小时的考试时间，那么你能够获得更高的分数。

第二，对于考点不熟练。这道题在考场上没想出来怎么做，下了考场之后就想出来了。解出这道题本来在你的能力范围之内，但是由于不熟练没答出来。

第三，经常出现比较低级的错误。比如，表述看错了，题目的条件没看见，有个很重要的知识点在考场上没想起来。

学习很努力但是分数上不去，无非就是这三个问题导致的。

如果能把这三个方面的问题解决掉，你每一科的分数能在现有分数的基础上，再提高 15 ～ 25 分。如何能够真正达到自己的预期分数？其实方法很简单，那就是升级你的认知能力，提高你的解题能力。你对所学知识的认识分为四个层次：第一了解，第二理解，第三掌握，第四运用。了解是什么？就是知道这个东西。什么叫理解？就是我对老师讲过的那些内容是有感觉的。第三掌握，就是我很明确老师讲的知识点具体是什么。第四运用，就是能够拿老师讲给我的知识直接去解决问题。

提分必须做的两个工作

分数无法提升的同学，认知大部分达到了解的层面。处于中下游水平的孩子，对知识点肯定有一定了解，否则拿不到中下游的分数。但是，还没有到掌握的程度，就不能很明确地知道老师谈的知识点具体是什么。要知道，能够感觉到那个东西，但是不能够很准确地把它抓到手里，就很难使用出来。也许简单一点的题目还可以，但稍微复杂一点的就无从下手了。更不能达到第四个层次，也就是运用这个层面。那么，我们如何从理解的水平达到掌握的水平呢？我觉得，应该从两个方面入手。

第一个方面，用半年左右的时间，把你的硬功夫练好。什么叫硬功夫？就是对课本上、老师上课所讲解的知识性的东西，记得滚瓜烂熟。什么叫知识性的东西？就是能让你我拿来直接解决问题的。比如，数学的公式、定理、推论，物理当中的一些定理、推论，包括英文当中的一些词汇、语法知识点、固定搭配和老师上课给到你的一些具体的结论等。你必须把它们牢牢记住，只要问到相关问题，就能准确并且快速地反映出来。如果你现在处于中游水平，通过理解去记忆是没有问题的。如果说你的物理分数在 30 分，数学分数在 65 分以下，那么就需要下更多的功夫去记忆理解。

对处于中下游水平的同学而言，你能够理解知识点，只不过需要一个刻意的储备，把知识点彻底掌握。比如，对数的概念是，如果 a 的 b 次方等于 a，那么 b 等于 log 以 a 为底的对数。想要彻底掌握并且会应用这个知识点，你需要记住并能很快把它表达出来。但凡理解知识点并做好知识储备，考试的时候就能把问题彻底解决掉。

那些班级里前三名的同学，或者说全校重点班前十名的同学，可能一分钟就可以做一道题。因为对于需要应用的知识点，他们可以不假思索地准确反应出来。而中下游的同学，往往需要一分半钟的时间，才能够找到对应的知识点。这看上去区别不大，只有 30 秒的差别。但是，考试的题目并不是一道，仅靠简单题目和中等题目，排名靠前的学生一下子就能把差距拉开。整张试卷比你少用 20 ~ 30 分钟。

这种差距并非无法弥补，只要刻意积累的工作能扎扎实实做下去，调整工作的重心。比如，每天下课后及自习时，不需要花费太多时间，只需 5 ~ 10 分钟用来积累学习，这样就能提高做题的速度和准确性，逐渐赶上排名靠前的学生。无论是哪一门学科，只要坚持积累，记住最基础的知识，就已经成功了一大半。

刻意记忆是第一步，第二步是对知识和题目做好总结，这是我要说的第二个方面。例如，在考试时，做难题所花费的时间要比其他同学长一些。由于时间紧迫，你会感到焦虑，这种焦虑状态会让思维变得不那么灵活，稍微难一点的题目就难以解答。但是，离开考场后，你的思维放松下来，解题的想法就出现了。因此，经常会出现考试时没有思路，离开考场后反而能够解题的现象。

因此，你必须通过刻意积累这项工作，让自己能够准确且快速地解答简单题和中等难度的题，从而为自己解答难题争取更多时间。那么，解答难题需要什么呢？是你对问题是否有想法。你的想法从何而来？是从你平时做过的题目中总结归纳出来的。如果你是高中生，每两周或三周放一次假。我建议你以周为单位，每周选择一门学科，至少抽出两个小时的时间做总结。例如，这一周当中，额外花两个小时学习数学，把这一周里老师讲解过的题目，以及你自己做过的题目梳理一遍。对于自己做对的题，用笔把同一种类型的题全部打钩，之后再找出五个同一类型的题目进行总结……

只要你坚持做归纳总结的工作，考试分数大概率会有所提升。如果能够坚持一个学期，那么你就养成了归纳总结的习惯，不用再刻意做这件事情。当你的学习层次提高了，考试成绩自然会提高。当你建立起扎实的基础，通过总结将头脑中的知识梳理清楚，你知识杂乱的问题就可以得到解决。这体现在考试分数上，就是能够拿到应得的分数，而且做简单题和中等难度的题目既快又准确，难题也可以拿到大部分分数。能够达到这样的程度，基本上可以达到一本院校以上的水平。

怎么才能自信起来？

要在短时间内提升分数，并且保证在考试中稳定发挥，除了调整学习方法之外，更为重要的是调整自己的心态。对于自己的学习和考试能力，必须有信心。缺乏自信的根本原因在于你没有完成过任何一件值得自豪的事情，在于自己做过的那么多事情中，没有一件事能够让你拿出来炫耀一番，归根结底这是一个成就感的问题。比如，一次期中考试中，你语数外三科的成绩都在 125 分以上，政史地物化生平均成绩都在 80 分。当你看到这个成绩的时候，有没有笑傲江湖的感觉？你还会说你不自信吗？不会，你肯定超级自信。又如，今天我在外面打篮球，投篮一投一个准。你会不自信吗？你当然超有自信。

自信需要有外在支撑，并不是简单对一个人说，同学，你要自信，他就信心满满了。自信本质上是自我认同感，这种自我认同感源于在做事的过程当中能否得到一个非常好的结果，这是对你所做的事情的一种反馈。你的反馈能不能很好地体现出自己的水平和价值。因此，我们不要去问自己为什么不够自信，而要将精力放在应该做的这件事情上，再想一想如何把事情搞好。比如，你按我的学习方法去刻意地积累，并且以周为单位，把自己做过的题目进行总结归纳。坚持了一个月后，你会发现分数在不断往上涨，全班排 20 名左右，期末考试考进了班里面前 5 名。这时候有自信吗？当然有。

一个同学对我说："李老师，我没有自信。"然后，我就给他打鸡血，对他说："你很聪明，你要自信，你很厉害！"这些话并没有起作用。

那么，提升自信的最佳途径是什么呢？就是做成一些事情。比如，作为一个成年人，在社会上如何能够挺起腰杆，自信地生活？方法之一就是你的事业上有成就。因此，有句老话说"穷家富路"，意思是家里虽然很穷，但出门做事时，盘缠得带足了，这样才能心里不慌。

对于一个学生来说，如果对于知识没有深刻的理解，分数也没有任何提升，老师只是夸你很聪明，让你自信起来，这样的夸奖有用吗？学生应该专注于自己该做的事情，心无旁骛地把当下的事情做好了，自然就会有自信、自我肯定的感觉。自信不是别人夸出来的，是自己通过实践获得的。

这个世界上没有人能够在所有事情上都充满自信。比如，我是一位从事教育工作的老师，在教育和教学方面很有自信。

但是如果让我去炒股，我对炒股这件事情就没有多少信心。如果让我去中央电视台做嘉宾，我在这方面也不在行。面对镜头我会紧张得不行，没有面对公众讲话的自信。因此，自信也需要有方向，在某些事情上自信，在另一些事情上就不太自信。一个人不可能在所有的事情上都自信。你不需要成为一个全才，而是要找到自己擅长的地方，并把擅长的事情做到极致，同时也要认识到有些事情自己是做不了的。这个世界上没有一个人是全知全能的，我们只需要找到自己最擅长的事情，并把最擅长的事情做好即可。当然，作为学生，最应该做的事情就是尽己所能把学习学好，不就有自信了吗?

学会给自己充电

网络上曾经有一句流行语，叫作"间接性热血沸腾，持续性躺平摆烂"，用这句话来形容小勇的状态再合适不过。小勇是个特别容易焦虑的孩子，虽然对学习有干劲，但总是无法持续。比如，我给他布置任务以后，他就可以立刻执行。做了几天之后，发现自己越干越没劲。上周复习完的知识和题目，过两天又忘了该怎么做。总感觉自己表面上把这件事做完了，但是质量很不好。

小勇的班主任对他的评价是，学习状态太容易跑偏，很难深度掌握某个知识点。我告诉小勇要对一道题进行归类的时候，他很乐意做这件事，做得也很起劲。但做上一段时间就感觉自己的心力散了，就没法再学下去。做考试卷子的时候也无法持续集中精力，似乎长时间做一件事情对小勇而言是一件很痛苦的事情。小勇心里很清楚，要想提高成绩，就必须耐得住苦。有时候，他会耐着性子继续做题，但心里非常难受，感觉自己陷入了一种迷惘的状态，无法将知识学透。大部分时间都是学完就忘，感觉自己有许多该做的事情却没有做好。心里特别慌，总是感到焦虑。

其实，这都是正常现象。我常把孩子比作一块电池，工作时间长了肯定要充电。但是，大多数孩子并没有学会给自己充电的方法，结果越学越没劲，最后索性不学了。

如何给自己充电呢？第一步就是要接受学习本身就是一件很辛苦的事情，它对于你的身心会造成负担。

我特别喜欢讲那句话："天将降大任于是人也，必先苦其心志，劳其筋骨，饿其体肤，空乏其身，行拂乱其所为，所以动心忍性，曾益其所不能。"你想一下，当自己学累的时候，是不是这种感觉？你感觉所做的一切似乎都是没有意义的，对于你的成长似乎不能起到任何的作用，这就叫"行拂乱其所为"。

但是，换个角度你会发现，这正是"动心忍性，曾益其所不能"。正是因为经历了这个过程，你的能力才有真正意义上的提升。比如，你觉得做卷子会让自己痛苦，尤其是计时做题的时候，感觉特别焦躁。似乎做题是目前对你最大的考验，而且这种考验不仅影响你的心理，对你的生理都有影响。你在做题的时候，甚至有那种想吐的感觉。这种感觉并不是你独有的，其他同学也会有类似的情况出现。

这种生理基础，决定了你在推进事情进程的时候，生理就会产生反应。你现在的生理基础无法承载，所以无法自己控制。比如，有一种孩子叫人来疯，就是在周围环境的影响之下，他的情绪很容易被鼓舞起来并持续高涨。虽然他的身体已经很困乏了，但他就是停不下来。他控制不住自己，是由生理基础决定的。生理基础就是身体素质，是身体够不够强壮。如果一个孩子能吃能睡，能够保障营养摄取充足，就很难出现学习时后劲不足的问题。

获得好成绩的最大的法宝就是身体很健壮，精神很饱满。只要你想提升自己的成绩，并且持续学习几个小时，你的身体和心理就会有反应，这是你的身体素质导致的。这个时候你不要怀疑自己的学习能力，而是想一想是不是这两天身体的营养没有跟上。你得多吃一点，把营养补充上，再把身体锻炼好。你发现要从根本上解决这个问题，必须保证自己的精力和体力，能够跟上学习强度。当你很亢奋地去做一件事的时候，你会发现自己的灵魂好像离开了身体飞走了一样。理智告诉你该停下来，但是你就是停不下来。这个时候最好的做法不是硬撑，而是赶紧出去喝一杯牛奶，啃上两块大肉，吃完就没事了。

除了补充好营养之外，还要学会通过锻炼身体给自己充电。每天花一点时间做些运动，最好以有氧运动为主，适当做一些高强度的运动。很多老师在课间不让学生出去活动，这是完全错误的做法。学习从来不仅仅是大脑的活动，而是全身系统的运转。大脑活动需要的能量，是体力劳动的两倍。这就需要良好的身体素质作为学习的基础。而且每天做适量的运动，也可以促进身体分泌更多的多巴胺和内啡肽，让大脑处于更加兴奋的状态。为什么学习一段时间就会感觉疲劳呢？根本原因是体内的多巴胺和内啡肽分泌不足，没法供大脑持续地运转。所以，要想持续集中精力在学习上，就必须让自己的身体强壮起来。

那么，做什么运动比较合适呢？我认为游泳是比较好的选择。因为游泳不但可以培养你的耐力，还可以起到放松身心的作用。如果是住校的孩子，平时没有游泳的条件，可以在课间或者放学之后摇一摇，以柔性的方式活动自己的筋骨。对于上高三的孩子，以补充营养为主，以运动为辅。既可以增强身体素质，又不至于透支体力。当你把自己的身体调理好之后，精气神就有了源头。在慢慢养成精气神的过程当中，集中精力学习的持久性也会逐渐增强。学习是一个体力活，是对你体力的消耗。只有生理基础牢固了，你的学习成绩才能找到稳固的支撑点。不至于再出现"间接性热血沸腾，持续性躺平摆烂"的状态，而是让自己处于不断向上的趋势当中。

学习的四个层次

做题靠灵感是成绩波动的根源

我把孩子的学习划分为四个层次：第一个叫混沌，第二叫灵感，第三叫经验，第四个叫直觉。

这四个层次的划分标准是什么？是你在做题的时候，用什么得到答案。

比如，你在遇到一道数学题时，可以很清楚地定位题目要考的知识点，并且能够清晰地划分题目的类型，联想到自己做过的例题。那么，你显然是在用经验做题。相反，当你做题时，感觉头脑一片混乱，眉毛胡子一把抓。看题目的四个选项，感觉每个选项都对，最后只能凭运气蒙着选 C。那么，你显然是在用混沌做题。如果你能够达到经验这个层次的话，数学考试成绩应该在115分以上。物理成绩如果在满分100分的前提之下，至少能达到75分。但是，大部分没有经过正确训练的同学，很难每道题都用经验做题，而是用灵感做题。

灵感是什么感觉呢？就是有的时候有，有时候没有。在考场上，如果考试有限定的时间，而你又渴望取得好成绩，可能会感到一丝紧张。在这种情况下，大脑较难产生灵感。当你离开考场后，心情放松了，再思考问题时就有更多的时间，灵感也会随之回归。这就是为什么有些孩子的成绩特别不稳定，两次考试之间可能相差20多分的原因——他们依赖灵感来解答题目。平时能够轻松完成的问题，在考试时由于思维紧张，就可能做不出来了。而其他同学即便在考场上，也能保持平时的状态继续解题，因为他们不是依靠灵感，而是凭借经验。与靠灵感解题相比，经验是通过训练获得的，意味着他们已经彻底掌握了答题方法，因此考试成绩相对稳定。

举个例子，满分150分的数学考了90分左右，物理满分100分也考了60分左右。其中有90分或者60分，是拿到手的分数。为什么这90分或者60分你能拿到手，其余的60分和40分你拿不到手呢？对于拿到分数的题目，你在解决这些题目的时候，比没有拿到分数的题目更有把握。比如你现在高二，我拿一份初二的数学题或物理题放在你的眼前，让你去做。你现在做初中时候的题目，和三年前做那些数学和物理题，感觉肯定不一样。不一样在哪儿呢？高二的孩子在做初中题目的时候，是从上往下看，拿到题目之后，头脑中立刻能想出这道题目的知识点和解题步骤。但是，当年你在做题的时候，却是平视或仰视，有时候甚至是在蒙答案。其中的原因是什么呢？因为高中生已经可以用经验去解初中的题目，但是很难用经验解高考题。

从题目难度的角度来看，那些平时会做考试不会的题目并非难题。如果是难题的话，即使在考试之后也不可能会做。这些题目往往是中等难度的问题，对于这些问题你是有想法的，只不过当时没做出来。

如何真正掌握知识点？

中等难度的问题主要考查两个方面：首先是解题方法，其次是相关知识。如果你无法解答这类题目，说明你对这类问题的理解还不够系统化。如果能做到条理清晰，那么在着手解答之前，你心里就已经有了明确的方向。

在做题过程中，第一步要用到什么公式，第二步要用到什么方法，第三步要注意什么问题，你会特别熟练。比如，从你家到学校的那段路，你走了很多次。你觉得你会走错吗？不会。但是，你第一次到北京，对于北京的路况特别不熟悉，这就极有可能走错。做题也是同样的道理，当你的头脑中对于题目的认知非常清楚，知道每道题的解题步骤时，自然不会做错。如果考试交卷之后，你发现有三道题会做，但是考场上没做出来，这说明你并没有完全掌握它。

对于一个知识点的掌握程度可以分为四个层级：第一个叫了解，第二叫理解，第三叫掌握，第四叫运用。考试时虽然知道某个知识点，但头脑中仍然模糊不清，只能依靠灵感解题，说明你对该知识点仅停留在理解阶段。理解是指你对知识点有一定的感觉，但尚未达到掌握的程度。掌握则是指你对这个问题的各个方面都梳理得清清楚楚。如何改进呢？比如，这次考试中有三道你会做但做错了的题目，你需要将这些题目拿出来重新做一遍。即使你做对了，也要再做一遍，直到你能用 30 秒的时间完成与该知识点相关的选择题和填空题，以及能在三分钟内完成解答题，这样才能达到掌握和运用的层级。

做到第一层级之后，要对知识点和你做过的题目进行总结。重点总结这个问题解题的先后顺序，以及在每一步里所用到的知识是哪些。比如，在两个月的学习过程当中，上课老师讲的那些题，你都能在看到之后，快速地想出这道题的知识点、步骤顺序。

有些同学觉得，上课老师讲很多题，自己都听懂了，还有总结的必要吗？实际上，对于刚接触的知识感觉听懂了，多半只是感觉自己能够跟得上老师的节奏。但是，跟上老师的讲课节奏，还仅仅停留在理解的层次，实际上并没有完全掌握。让你给别人讲一讲这道题目，说一说知识点的具体内容、典型例题和解题步骤，你还是讲不出来。

要想让自己达到掌握的程度，必须在下课以后，先把老师上课讲过的那几道题做两三遍，争取在三分钟之内做出来，再花一点时间做总结归纳，然后去做作业，之后再做练习册上的题。但凡按照以上流程总结归纳，在期末考试的时候，你的数学就能突破 105 分。你的物理就能突破 70 分。只达到理解的程度，绝对不是听课的目标，学习的真正目标应该是掌握并且运用这个知识点。

做题粗心怎么办？

当你做好总结，掌握了知识点和做题步骤，是否就意味着会做的题目不错呢？并不是。因为你必须克服一个大部分人都有的毛病——粗心。有些学生在做题时，会犯一些特别低级的错误，甚至"25-21"都能算错，导致一整道题都没有分。那么，粗心的问题如何解决呢？我认为，大多数情况下，所谓粗心并不是真的粗心，而是胆子小，不够勇敢，是你的内心不够强大。做任何事情的时候，总是有一点畏畏缩缩。

所以，在考试之前，要在保持理智的同时，要求自己很勇敢地去面对困难。也许你在面对生活和未来的时候，是一个积极向上的同学，对自己的要求也很高。但在面对考试时，又有本能上的胆怯，总是害怕自己会犯错，这都是因为你的内心还不够强大。

其实问题的本质就是你内心的胆怯和恐惧。但是，在理智这个意义上，你又要求自己很勇敢地去面对。这对矛盾碰到一起，就会擦出火花，造成对自己的现状很不满意。独处的时候，可能躲在房间或者宿舍里黯然神伤。遥望自己美好的未来，又联想到自己的当下，觉得自己为什么如此不争气。

要解决粗心的问题，首先要调整好自己的心态，因为粗心也许并不是能力问题，而是心态的问题。我们应该让自己有一种达观而开放的人生姿态，你可以利用一些小技巧，比如去空旷的地方做做扩胸运动，把肩膀打开；在走路的时候，抬起头从不同的角度观察这个世界，用不同以往的方式去看待这个世界。当你的身体和心态放松了，看待问题的思维方式也会不一样，再去解决问题的时候，或者听老师讲课的时候，你的效率就不一样了。

当你让自己进入一个更舒展的状态，你会发现，自己慢慢从一个青涩的小孩，变成了大人。当你在精神层面重获新生，能够用更加开阔的思维和眼光看待世界，你会发现所谓的粗心问题，不再是一个问题了。

"临阵磨枪"的正确打开方式

    每到期末考试，就会有不少同学通过私信或连麦的方式，问我如何通过短时间备考快速提高考试分数。俗话说，临阵磨枪不快也光，但应如何临阵磨枪，很多同学不知道方法。我见过一些平时学习很刻苦的孩子，在考试前的一个星期拼命熬夜背书、刷题。结果考试当天脑袋昏昏沉沉，考到一半就累得快要睡着了。当然，也会有一些平时成绩一般，但是通过考试之前的突击复习，能够在很短的时间之内提升 10 ～ 20 分的学生。那么，如何在不到一个月的时间里学习，才能确保你的考试成绩大幅提升呢？

    首先思考一个问题，你在每一次考试结束的时候，是不是发现你最终考的分数和自己想要考的分数之间总是差 10 ～ 15

分呢？经过我这么多年的教学经验的总结，我发现这 10 ～ 15 分主要丢在哪里呢？

我认为，主要失分在以下几个方面：

第一，你会做的题目没有都做对。

第二，不怎么会的题目，得分有点少。比如，一道 12 分的题，你原本可以拿到 10 分，不知道为什么结果只拿到 3 分。

第三个问题，那些特别难的题，你基本拿不到分。比如，满分 12 分的题目，有的同学拿 8 分，但你只能拿 1 ～ 2 分。正是这三个问题，导致你最终的考试成绩，总是比预期的低 10 ～ 15 分。

最后一个月的备考时间，我们要让自己多拿分，拿的是什么分呢？

主要包括三方面的分数：

第一，会做的题目尽可能都做对；

第二，不怎么会的题目，尽可能多拿分；

第三，不会的题目，尽可能抠出分。

如果真的把这三方面的分数拿下来，我们一定能够比之前多考 10 ～ 15 分。一科多考 10 ～ 15 分，六科加起来就有 60 ～ 90 分了。如果真的能够做到这三点，你原先是个中等生，考试成绩出来之后肯定能达到中上等的水平。如果你原先已经是中上的水平，考试成绩就到了上游的水平。

那么，具体该怎么去做，你才能把这三方面的分数抓住呢？操作方法其实非常简单。考试的时候，一份卷子当中主要分三种类型的题目，分别是简单题、中等题和难题，这三种类型的题目的占比往往是 3∶5∶2。对于大多数的同学而言，中低等难度的题目占到了 80%，这 80% 的题目应该都在你的能力范围之内。如果你能把能力范围之内的这些题目都搞定，也就相当于拿到了绝大部分的分数。所以，在不到一个月的备考时间当中，你应该把你的重心放在中低难度的题目和知识点上。也许有些同学会认为，这个难度的问题我都会，为什么我还要再去做呢？为什么还要复习呢？其他的同学也会这些题目和知识点，这样不就拉不开差距了吗？

但是，请你想一想，你在解决中低难度题目的时候，花了一分钟、三分钟还是五分钟呢？满分 150 分的卷子，考到 135 分以上的同学，会做中低难度的题目。满分 150 分的卷子，考 120 分的同学也会这些题目，考 90 分的同学同样会这些题目。既然绝大多数同学都会做这个难度的题目，为什么分数有差异呢？因为 135 分以上的同学，做一道中低难度的题目只要三秒钟。120 分左右的同学，做出来只需要 30 秒。你做同样的一道题目的时候，可能需要一分钟。你们之间的差距，就在解决问题的速度上。

所以，如果距离考试只剩最后一个月时间，你要把主要精力放在你会的那些问题上，放在中低难度的问题上。当你能够把你会的题目又快又准地解决的时候，你会发现考试的时候，你可能比别人多出 20 ～ 30 分钟的做题时间，分数也会多出 10 ～ 15 分。那么，不会的题目该如何抠出分？如果你在考试的时候，那些会做的题目能够又快又准地解决，这样仅用 30 ～ 40 分钟的时间，你将有更多的时间去琢磨那些原先不会的问题。

难题首先考查的是解题思路。在审题时可能会感觉缺乏思路，但如果多花些时间思考，思路就会逐渐清晰，之后还需要将方法付诸实践。中等题和简单题则主要考查解题方法。当你能够快速且准确地解决中低难度的问题时，说明你对这些方法的应用已经相当熟练。因此，在面对难题时，一旦有了解题思路，就能将之前积累的方法应用上去。所以，我建议你在考前一个月的时间里，快速而准确地处理好中低难度的问题，这样考试时单科成绩至少可以提高 10 ～ 15 分。

三个方法快速提高你的写作水平

我们常说学生有三怕：一怕古文，二怕周树人，三怕写作文。尤其是写作文，这是让不少同学都头疼的问题。拿到一篇作文的题目，不是不知从何写起，就是胸中有千言，却无从下笔。对于不擅长写作的同学，我给你们提一个小小的建议。每天花 10 分钟的时间，把你今天和老师、同学，或者跟爸爸、妈妈沟通的内容写下来。比如，今天晚上你和老师进行过沟通，老师问了你一个问题，你针对这个问题给出了回答，这些都可以用文字记录下来。在放学之后，你和妈妈聊天了，也可以把聊天的内容记录下来。这段话写得无所谓好坏，只需要把说话的内容写下来即可。

为什么要这样训练呢？因为写作文其实就是说话。写不出作文的原因就是没有养成写作的习惯。所以,你只需要选择一个平时和同学、老师、爸爸、妈妈对话的片段写下来就可以。一段时间之后你会发现,本子上记录了那么多东西,和爸爸、妈妈对话内容的措辞和最初相比开始不一样了。当你发现不一样的那一刻,说明你的写作水平提高了。

孩子如果在初一年级写作文还有压力的话,问题可能出在写作素材的积累偏少上。比如,我每天要拍一分钟的视频,这个视频的文稿至少是 300 字的小作文。我还给大家上课,一个半小时的课我要准备 3 万~ 5 万字的文稿。我还要写书,一本书在 10 万~ 20 万字。如果我没有素材的积累,不可能每天写出这么多的文字。作为一名初中生,只要坚持积累写作素材,到初三和高中时,就不会发愁没有东西可写。

所以,写作文有难度的同学,除了学校的课本之外,应该再多读一点课外书籍,我建议先从人物传记开始读。比如,这两年特别流行的《史蒂夫·乔布斯传》,就可以买一本阅读学习。了解那些世界上水平更高的人,是如何面对自己的学习、成长和创业经历的。此外,还要把语文课本上的每一篇课文都读得滚瓜烂熟。比如,今天我学了一篇课文,就大声地把它读 10 遍左右。并且每天花 10 分钟时间,把今天发生的事情,以及你和别人说过的话记录下来。

只要把所有课文都读到滚瓜烂熟,每天抽 10 分钟的时间把你和身边人的聊天内容片段记录下来,并且坚持读人物传记。

坚持两个月的时候，再去写作文，你会发现初中作文的 600 字，对你来讲根本不是问题。一个人说话两分钟，就要说 600 个字。这意味着你把别人两分钟里说的话写出来，那就是一篇作文了。所以，写作其实简单得不得了。写作文就是说话，作文写得好的人，就是说话说得好的人。

小时候我的父亲教过我一句话：好马好在腿上，好人好在嘴上。一个人想要成熟，就得让自己变成一个能说、会说、说话有道理的人。一个人想要将来成事，就得让自己说的话有水平，而你说的那些内容写到纸上，不就是文章吗？所以，想要提升自己写作水平的同学，请牢记我的三个方法，并且落实在行动中。读一本《史蒂夫·乔布斯传》，熟读课文，记录每天的日常谈话。坚持一段时间之后，你会发现读书、写作，原来这么有意思。

考试时怎样把字写好看？

"我平时写的字比较丑，到考试的时候不仅字丑，而且写的字还小，写多了就觉得特别累。读高中之前，我一直在想办法解决这个问题，但是我感觉考试时写字特别紧张，有意放松写字的时候，字好像要飘起来。笔画会歪斜得特别厉害，好像写字没劲儿一样。比如，写捺的时候，好像一个气球飘到空中。写横的时候，就变成一条波浪线。眼看明年就要上高三了，有没有什么好办法，让我在考试时把字写得好看些？"这是一位同学在连麦时，向我提出的问题。

有没有发现，你在进入考场，或者正式的场合之后，就开始六神无主。你的大脑一片空白，身上好像有很多东西在扎你。你没有办法用你的意志去控制你的双手。写字的时候，你的笔似乎完全不听使唤。那么这个问题的根本在哪里？是你体会不到控制为何物。

其实，我们经常讲四个字：字如其人。比如，你在写字的时候紧张，写出的字就会缩小。这就像你在面对人生当中的一些重大选择或者挑战，做准备的时候都是信心满满的，而且这种信心会掩盖掉你的忐忑。但是，正式轮你上场的时候，身上的一股气感觉泄掉了。你开始对自己的能力产生很强的自我怀疑，这个时候人的整体状态会非常拘谨。所以，考试时字写得不好看的核心问题并不在于练字本身，而在于自己的心态，是你对自己人生的思考，或者对自己人生的定位问题。

如果你平时写字还不错，一到考试就仿佛手不听使唤，字也写得歪七扭八、杂乱无章，那么大概是紧张、不自信导致的。我建议，在考试时字写得不好的同学，不妨在平时做一些放松身心的活动来缓解压力，比如深呼吸，再比如时常做一做踮脚尖或者伸展肢体的动作。你可以试着让脚尖着地，脚后跟抬起来。然后脚后跟着地，脚尖抬起来。在这个过程当中，你的眼睛始终闭着，膝盖尽可能不弯曲，并且小腿肚用力，膝盖尽可能不动，腹部尽可能收起来。在眼睛闭着垫脚的过程当中，还可以进行呼吸的训练。你在吸气的时候，要意识到你是在吸气，呼气的时候，意识到你在呼气。通过这些训练，你可以切实地感受到对身体的控制感，也能感受到对自己意识的控制。这其实就类似于一种冥想，从脚部开始，留意身体各个部位的感觉，并控制你的呼吸和意识。

慢慢地，你就会发现你的问题已经解决了。

有一部电影，叫《国王的演讲》。影片中的国王，在童年时期受到严格的教育，导致他成长过程中因为过度紧张而在表达时出现障碍。语言治疗师用来改善国王口吃的某些方法，和我教给同学们方法一致。放松身心的活动有助于缓解国王的紧张情绪，间接起到了治疗口吃的效果。

我希望所有人能把这个建议坚持下去，通过外在的动作训练，可以调整你内心的状态，缓解紧张的情绪，不至于因为上了考场之后，心态出现大幅波动。

高中为什么学不动了？

听不懂课怎么办？

你身边有没有这样的同学？小学和初中的成绩很好，每次考试基本能排在班级前十名。语数外几个主科的考试成绩，满分120的情况下，都能考到100分以上。初三踏踏实实备考了一年，考上了重点高中。但是，上了高中之后，成绩一落千丈。尤其是数学和英语不好的学生，上了高中之后就很难及格了。班里每次排名，成绩总是排在后十名。由于成绩总是上不去，孩子逐渐失去了对学习的兴趣。虽然每天都坐在教室上课，但是心思完全不在课堂上。写作业的时候也特别费劲，稍微学一学就觉得特别累。总之，上了高中之后，孩子突然学不动了，不少家长都为此感到烦恼，又没有什么好办法。

高中生学不动的原因是什么呢？其实，我们从孩子高中的成绩，基本上能判断出他学不动的原因。比如，考试满分750分，孩子的成绩在400分以下，那么基本可以判定孩子听不懂高中课程，上课的时候就像听天书一样。这种情况并非高中阶段形成的，而是早在初中时期就埋下了隐患。初中时，这类学生的学习往往处于一种"灵感状态"：上课时似乎能听懂，下课后做题也能解出问题，但在解题过程中却磕磕绊绊，难以清晰思考。这类学生在中考时，数学、物理在满分120分的前提下，基本上处在70～80分的水平，其余各科的平均分数也在这个状态。处于这种状态的学生，在进入高中后会有怎样的感受呢？9月开学，老师上课在说什么根本听不懂。

对于这类孩子，我的建议是上了高中之后，如果听不懂课就不要强求自己，也不需要到外面去补课。你只需要做一件事情，那就是把高中的教材，认认真真地誊写一遍。誊写是什么意思？就是照着课本抄一遍。自己准备一个本子，把课本原封不动地照搬过去。照搬一遍之后，再照抄两遍到三遍，把这件事情做一年的时间，整个高一主要做这件事。之后你会发现自己对高中的知识学习入门了。其实，你在做了誊写训练之后，在上课的时候就已经对知识有感觉了。但是，为了养成习惯，打牢基础，你可以把训练的时间延长一点。比如，孩子9月上高一，誊写坚持到明年暑假结束。高二开学的时候，他会发现所有的学科都能听得懂。所以，孩子上高中听不懂课不要着急，只要用一年的时间让孩子誊写课本，就能让他对高中的学习入门。

听课跟不上怎么办？

除了那些听不懂课的孩子外，还有一类孩子的问题是跟不上学习进度，他们往往在高一国庆节后开始感到不对劲。所谓不对劲，指的是他们在上课时隐约觉得所学知识有些难度。虽然他们感觉自己还能跟上老师的讲课节奏，但下课后却无法流畅地解答题目。遇到一道题目时，需要花费很长时间思考，并查阅课本和笔记才能找到一些解题思路，但接下来几道题目又不会做了。在初中时，我们通常认为学习就是上课认真听讲，下课做一些习题就能取得不错的成绩。然而到了高中之后，这种方法不再适用。不仅上课听讲感到有些吃力，下课后做题速度也很慢，考试前刷题更是费劲。

这类孩子在初中时通常处于中等偏上的水平。进入高中阶段后，他们明显感到有些跟不上节奏。问题就在于他们的思维能力跟不上高中学习的要求。高中与初中的最大区别在于对学生的思维能力提出了更高的要求，所学知识的抽象性越来越强，高中阶段才是选拔人才的关键期。如果学生的思维能力未能提升，进入大学及研究生阶段将会面临更大的挑战。当高中对学生的思维能力提出更高要求后，学生之间的差异会变得非常明显。不像小学和初中阶段，即使学生的思维稍显迟缓，在考试分数上也不会有明显的体现。那时，只要家长稍微多加辅导，多为孩子讲解知识点和题目，孩子的学习成绩就不会出现太大问题。大多数孩子在初中阶段，只要老师和家长给予一定压力，学校管理严格一些，孩子的分数有很大概率能在短期内提升。虽然初中时学生的思维能力已经开始有所区别，但这种区别并不十分明显。

到了高中阶段，你会发现分数上不去并非勤奋不足或是学校以及家长施压不够的问题。即使外界给予的压力再大，孩子的分数仍然难以提升。进入高中后感觉跟不上进度的孩子，他们最大的感受是智力上的差距带来的挫败感。有些智商较高的孩子，对于老师上课讲授的内容几乎一看即懂。但对于智商不是那么高的孩子来说，思考同样的问题可能需要花费很长时间，这往往会打击他们的自信心，进而使他们产生强烈的无助感。

那么，对于思维能力弱一些的孩子，应该如何提升分数呢？从简单的问题入手，逐步对他们的思维强度、敏感度、活跃度进行训练。如果不在这三个层面做训练，会导致他们的分数在400～500分徘徊。还会引发厌学情绪，让他们觉得自己不是学习那块料，无法全身心投入学习当中，后面的路也越来越难走。因为他觉得投入与否似乎没有特别大的区别，并且不断怀疑自己努力的价值。但是，他又不敢不投入精力学习，因为不投入成绩就会彻底掉下去。满分 750 分，长期处在 400 ～ 500 分的孩子，基本存在这种问题。

高中时陷入精神绝望怎么办？

除了上面两类学生之外，还有一类孩子会在高中时学不动。这些孩子的分数在 500 ～ 600 分，他们的问题出在哪儿呢？他面对学业的时候，有精神性的绝望感。因为 500 ～ 600 分这个分数，在报考志愿的时候，处在非常尴尬的位置上。虽然分数不差，但是距离 211、985 还有一定的距离，而且一不小心就可能触底。这种孩子学习非常努力，而且在用各种方法努力。能够考到 500 ～ 600 分，在高中阶段并不简单。但是，他的分数总是不怎么变，稍微用点心能考到 530 分左右，稍微不用心就会掉到 500 分以下。

这种孩子每天都处在揪心的状态，为什么会产生绝望感呢？他们的绝望感来自面对前途、面对当下的学业无从下手，没有办法实现跨越式的成长。比如，一个孩子现在能考 500 分，他特想考到 590 分，甚至 600 出头。但是，提升 100 分就好像天方夜谭一样，怎么抓也抓不住。因为他对于很多问题的处理缺乏方法，这种方法指的不是具体意义上的方法，比如数学要多做题，数学当中的哪一种类型的问题有几种解法等，这些都是微观上的方法，他们缺少的是宏观意义上的方法。

他们在解题时往往依赖自己的灵感和经验，对所学知识的掌握不够全面。有些题目可以用自己一套行之有效的方法论来解决，但也有很多题目把握不住，只能依靠自己的灵感解题。所有知识他们都能理解，但若让他们具体解释某个题目，则显得有些模糊不清。这种既依赖经验又依赖灵感解题的方式，正是这类孩子的通病。所以，我经常和很多家长讲，对于分数处在 500 ～ 600 分的孩子，特别需要做总结归纳。通过归纳总结，让知识工具化，方法体系化，思想理论化。只要把归纳总结做好，可以让他的学习方法达到更高的高度，孩子就很容易考到580 分左右。

这类孩子有一定的学习基础，而且基础还比较扎实，就像一块不断被夯实的土壤。他们所欠缺的是务虚的能力，缺乏从更高角度审视问题的意识。但只要具备了务虚的意识，大概率是能走到更高层次的。当他们能够达到 580 分的时候，脑袋就会有比较通透的感觉。在通透的基础之上再往上走，才可能达到 600 分以上的水平。

考试的本质是什么？

我们从小到大都经历过各种各样的考试，但是你有没有想过，考试的本质到底是什么？在我看来，考试的本质是一种智力体操，它是对孩子一些特定素养的考查。考试到底在考查孩子的什么素养呢？

我认为，主要考查这三句话。

第一句话：会做的你能不能都做对？

第二句话：不怎么会的，你能不能尽可能多地去拿分？

第三句话：不会的，你能不能从里面抠出分？

要想解决好这三个问题，必须明白考试究竟在考察什么。考试首先考查的东西叫熟练度，也就是你会的题目，你能不能更会一点。

通过观察可以发现，学习成绩极其优异的孩子，在考试过程中不仅时间足够，甚至还有富余。比如，两个小时的考试时间，他们能在一个半小时内完成所有题目，并且接近满分。对于有些孩子来说，考试时间刚好够用，但分数与满分仍有差距。还有一类孩子觉得考试时间完全不够用，经常希望考试时能多半小时，认为那样分数会更高。这类孩子的分数比第二类孩子的分数要低一些。当然，还有一类孩子，考试时间对他们来说也够用，因为试卷上有许多问题他们并不了解。因此，考试首先考查的是对知识的掌握程度。对于你会的知识点，你是否做到了完全掌握。

对于第一类孩子而言，那些中低难度的问题，只需 20 分钟就能解决。对于第二类孩子而言，则需要 40 分钟才能完成。对于第三类孩子，他们需要 1 个小时。而对于第四类孩子，可能需要一个半小时。如果连中低难度的题目都需要花费这么长时间完成，那么对于难度较大的问题就几乎没有时间去解决了。因此，我常说，考试首先考查的是对知识的掌握程度。对于你会的题目，你是否能够做得更加熟练。孩子们应该在平时的学习过程中，将更多的时间和精力投入到自己已经掌握的内容上。当你将已掌握的题型做到足够熟练时，那些难度较大的问题就有可能迎刃而解。

实际上，很多父母都跟孩子讲过这个道理，但不少孩子难以真正落实。我认为，熟练程度背后考验的不仅仅是技能，更是孩子的品质和心态，即他们能否能沉下心来，谦逊地去做那些简单而具体的事情。在我的"走心家族"中，我花了3个小时的时间向孩子们阐述了一个道理：要看到简单事物的价值，重视它们，并认识到简单之中蕴含着不简单之处。当你解决了看似简单的难题时，你的能力边界也随之扩大。这不仅是一个思想问题，也是一个心态问题，同时也是方法问题。在这个过程中，涉及如何通过恰当的训练方式，让孩子在做事时获得好的结果，并能够脚踏实地地去执行。这就关联到了考试要考查的第二个方面：心态。

即使你已经将所学的知识运用到极致，也不意味着在考场上就能充分发挥。这就是为什么有不少孩子平时学习表现不错，学习能力也很好，但考试成绩总是不如平时的表现。有些同学在考前告诉自己要保持良好心态，要淡定一些，即便对自己说了上百遍，这也起不了什么作用。上了考场后，依然会感到紧张，原本会做的题目也可能做不出来。但是，当下考场后心情放松下来，答案自然就想出来了。因此，心态同样是长期训练的结果，心态问题并不是在考场上临时调整的，而是要在平时的学习过程中持续训练、亲自解决的。

除了熟练度和心态之外，考试还会考查临场应变能力。考试时，你能力范围内的内容都已经掌握，但总会遇到超出能力范围的问题。面对这些难题，你如何在考场上应对呢？有些同学认为需要依靠灵机一动。那么，在考场上如何做到灵机一动呢？为什么有些同学能够做到，而有些同学却不行？随机应变的能力不仅仅依赖于考场上的临场发挥，还应该在平时的学习过程中进行训练。基础素养培养得越扎实，孩子在考场上的表现就越好。当我们能够做到我在"走心家族"中提到的感知存在、体会规律、预测趋势时，在考场上灵机一动的能力也会随之增强。

三个标准帮孩子找到好老师

判断一个老师能不能教好孩子，水平高不高，可以从三个标准评判。

第一，老师的业务能力。业务能力指的是什么？比如，一位老师教数学，他的数学教学特别出色。因为孩子们听了他的讲解后，会觉得原来知识点和题目是这么回事，一点拨就能豁然开朗。我常说，大多数孩子属于通透型学生，由业务水平高的老师一点拨就能领悟。而水平一般的老师讲解一个问题，可能讲了 10 分钟，孩子们还是感到困惑。为什么听完老师的讲解反而更不明白呢？

业务水平高的老师看到一道题时，有一种云淡风轻的感觉，他们能够一眼看出题目的本质，迅速将其分类，并找到题目的特点，从而确定解题的切入点，然后一步步推导出结果，只需几句话就能将问题讲清楚。你会感觉很有条理，因为他们是遵循认知规律和逻辑来讲解知识点和题目的。在逻辑推进的过程中，他们能够从宏观到微观引导你梳理思路，使你达到一题多解、多解归一、多题归一的高度。我常常告诉孩子们，学会一道典型例题，就能做这一类题。高水平的老师往往只讲一道典型例题，孩子们只要将这道题研究透彻，再去解决类似的问题就没有问题了。许多老师只是就题讲，而高水平的老师则是通过一道典型例题带动一类题目的讲解。如果为孩子找到的老师能达到这样的水平，就可以断定这位老师的业务能力非常过硬。

第二，老师的理论功底。业务能力侧重于就事论事，而理论功底则是指能够超越具体问题，达到更高层次的认知水平。例如，一位数学老师讨论学生学习问题时，能够谈到对于这个学生，应该采取何种方式学习这门学科。我把学生分为四类：混沌的、灵感的、经验的和直觉的。对于混沌类的学生，在学习这门学科时，应该遵循怎样的路径？要学什么？怎么学？学到什么标准？对于处于灵感层次的学生，又应该如何指导？能够根据不同孩子的情况进行因材施教，这体现了老师的理论功底。

理论功底超越了具体的知识、方法和思想，它确保在解决问题的过程中，每个人都能在其原有的基础上有所成长。理论功底深厚的老师不仅能将题目归类，还能对学生进行分类。他们的关注点不仅限于解题，而是着眼于教育和教学本身。他们的着眼点不仅仅在于学习、考试和题目层面，而是在于能够深刻理解人性，并采用最适合的方法来教导每一个孩子。

第三，老师应具有人文关怀。人文关怀体现在他能够将学生视为活生生的人，而不仅仅是传授知识或讨论学习方法的对象，更重要的是关注学生的主观能动性。

我在给老师们做培训的时候，经常说我们教学的过程是什么？第一，要搞清楚知识本身；第二，要了解学生的特点；第三，探索如何更好地呈现知识，激发孩子们主动学习的兴趣，这是在深入研究教育问题。

第一个层次的老师，是一个单一的点。第二个层次的老师，是两个点连成的一条线。第三个层次的老师有人文关怀，他考虑的是三位一体，把学生当成活生生的人，并给予尊重。当一个老师达到人文关怀的层面时，能够激发孩子的主观能动性，帮助他们更好地学习。

其实，对于大多数的孩子而言，在学习的过程当中，即便不依靠老师的直接帮助，也能提高自己的成绩。真正的优等生大都不是老师直接教出来的，相比于知识而言，孩子更需要人文关怀和尊重。在人生成长的过程当中，每个人都遇到过迷惘的时候，有人文关怀的老师能够用一两句话，让他的人生更有方向感。老师做到这个层面，并不是很轻松。从讲题目到开始关注教学，最终达到了关注人、关注教育的层面，需要10～15年的时间。达到第一层次业务能力相对娴熟，需要花5年左右的时间。达到第二个层次理论功底深厚，需要10年左右的时间。达到第三个层次有人文关怀，至少需要15年的努力。每个层次的跨越，不仅需要足够的时间和经验的积累，更需要不懈地钻研，以及对孩子们的爱心。所以，优秀的老师永远都是稀缺资源。家长们如果想给孩子找位合适的引路人，或者评估孩子班上的老师的水平，可以用我提出的三个标准去衡量。

假期预习真的有效吗？

在国家对补习班进行限制之前，尤其在中考结束之后，很多孩子会去报预习课程，希望用假期的两个多月时间，预习一下高中的内容。那么，暑假期间把未来的内容预习一遍到底管不管用呢？我认为，这要看孩子具体的情况，而不是跟风参加预习课。

我特别喜欢讲一句话：到什么山，唱什么歌。预习有没有用，主要取决于孩子本身。你会发现随着孩子年纪的增长，家长让孩子参加预习课的效果会显得越来越小。以至于孩子上高中的时候，预习基本上没有什么效果了。

你参加预习课，和你浪费假期的时间没有区别。因为年级越高，学习新知识所需要的基础条件也会越来越高。如果你对之前学过的知识把握不到位，即便学了新知识，你的水平依然和之前一样。比如，孩子在班上是中等生的水平，在全班 50 个学生当中，排名大约在 25 名。无论他假期是否去上预习课，新学期期中考试时候他的名次都是 25 名左右。上与不上预习课，实际没有区别。

那么，排名在中下游的孩子，应该怎么办呢？办法很简单，就是在假期的时候，80% 的同学要做的工作不是往前预习，更不是去上预习课，而是要回头看。因为对于 80% 的同学而言，学过的知识本身就掌握不扎实。就像一栋楼房的地基不稳，还要在上面摞砖，当然是白费功夫。

孩子们在日常学习当中，要学三个东西：第一个是知识，第二个是方法，第三个是思想。对于 80% 的同学来讲，他的知识掌握不完整，而且非常混乱。如果上学期所学过的东西有 10 个点，他脑袋里面可能只能留下 7～8 个，而这 7～8 个点也是乱七八糟。方法他好像知道，但是对于方法的全貌他既不熟悉，掌握得也不够系统，而且没法上升到思想这个层面。对于所学过的知识，他很难产生自己的认识，因为不论是知识还是方法都不熟练，当然无法通过整合知识和方法产生自己的认知。所以，对于大多数孩子而言，假期最应该做的是走旧不走新。

如果孩子的排名在全班 20% 以内，比如班级里有 50 个学生，他在 10 名之内，这意味着他属于经验水平。他对于所学过的这些知识、方法、思想有观察和思考，头脑也有条理。这个时候，他就可以去学习新知识，而且可以自学。

如果说孩子想要去学习新知识，我的建议是不要报预习课，而是要先自学一遍。预习课在本质上是老师站在讲台上，把课本上的内容复述了一遍，雨过地皮湿，不如让孩子把课本自学一遍。根据以往的经验，在班级中属于 20% 以内的尖子生，完全有能力自己搞定。只需要把课本认认真真地读几遍，做到教材上所提的要求，八九不离十即可。

所以，我对家长们的建议是，无论是寒假还是暑假，80%的孩子不需要上预习课。走旧不走新，让孩子把基础打牢，胜过学习新知识。班级排名前 20% 的同学，家长不用给他提要求，孩子想提前预习可以自己学习一下。如果不想预习，就可以在假期歇一歇。因为预习课和上课的效率其实是一致的，这种孩子有上进心，也有学习能力，更有自己的目标，不需要上预习课让老师带着读一遍课本。

第四章

提升各科分数的
有效方案

· ·

这样做规划，提分幅度大

每个学期班里都会有一些进步特别快的孩子，其中很多孩子是因为已经在开学之前，根据自己的实际情况制订了正确的规划方案，再通过一段时间的努力，学习成绩取得了大幅提升。新学期开始之后，父母应该如何帮助孩子做学习规划呢？

我觉得，首先要解决三个问题：第一方向问题，第二方法问题，第三标准问题。具体来说就是，孩子在新学期的学习过程当中，要解决学什么？怎么学？学到什么标准？

很多家长经常对我说："上学期开学的时候，我就告诉孩子上课一定要认真听讲，课后一定要认真完成作业，在认真完成作业的基础上要多多做题，但我不明白，这三个问题解决了，孩子的成绩为什么还是上不去呢？"原因很简单，有一句话讲得好，叫千里马常有，而伯乐不常有。大多数的孩子都可以通过自己的努力，无须别人的指导，把学习这件事情做好，但为什么做不好呢？因为他并不明白自己处在什么样的水平。

前文我们提到过，我把学生按照学习特点分为四个层次，分别是：混沌类、灵感类、经验类、直觉类。

每一个层次的孩子，解决这三个问题的办法不一样。比如，混沌类的孩子学的和灵感类的孩子并不一样。第一类，混沌类的孩子在新的学期当中应该把课本作为根本。学习的方法是什么？重复是关键。在学习过程当中，一定要以课本为主，上课的时候尽最大的努力去听课，听不明白就认真阅读课本，把课本阅读三到四遍。同时，可以把课本上的例题、练习题，尽自己最大的能力做出来。所以，对于混沌类的孩子，课本是根本，重复是关键。混沌类的孩子在处理课本时，要达到什么标准呢？至少要做到课本上的例题，能在三分钟之内解决，课后的习题争取在五分钟之内解决。自己解决的意思是，不看答案就能够自己做出来。

第二类，灵感类的孩子。这类孩子要想变成班级里的中等生，甚至变成班级里面前十名的孩子，方法很简单，叫有限的事重复做。

有限的事指的是两件事：

第一，在解决问题的时候以课本为根本；

第二，对老师上课所讲解的内容烂熟于心。

这类孩子不需要额外刷题，只需要把课后作业用心做好即可。只要把课本上的例题、练习题、老师上课所讲解的问题解决就可以了，就能够从灵感层次走向经验层次。

有限的事情重复做，需要达到什么程度呢？

孩子们对于自己所学习过的内容的把握可以从以下五个方面进行评判。

第一，能不能。你能不能跟得上老师的节奏。

第二，会不会。如果说这个问题由你自己解决的话，能否独立完成。

第三，快不快。你在解决问题的时候，能不能以极短的时间把它搞定。

第四，爽不爽。当你费了很大力气，把一个很难的问题处理完了，你想将这个问题处理得更快、更熟练，以后再遇到类似问题时能心无波澜地做出来，你现在就需要重复做几遍，在这个过程中你也会体验到重复的快感。

第五，一句话。当你用很快的速度解决了问题，能否用自己总结的一句话把问题的核心规律阐述出来。灵感类的孩子在处理课本上和老师上课所讲解内容的时候，应该做到哪一步呢？我觉得，应该能对"爽不爽"这个问题做出肯定回答。灵感类的孩子但凡对老师上课所讲解过的内容以及课本上内容，在重复的过程中体验到快感，他就已经走到经验层次了。

第三类，经验类的孩子。经验层次的孩子在解决问题的过程当中，应当做到这四个字：总结归纳。总结归纳的对象首先是课本上的内容，灵感类的孩子处理课本上的内容，可能需要一个小时，混沌类的孩子可能需要两个小时，经验类的孩子可能只需要20分钟。这20分钟的时间是不能缺少的工作，而且在处理好课本上的内容之后，一定要总结归纳课本上的内容，知道哪些是一类问题。除了课本上的内容要进行总结之外，老师上课所讲解的内容同样需要归纳总结。

经验类的孩子在学习课本和听讲的过程当中，已经开始总结归纳工作，只不过他并不知道自己完成了。因为一个人会做一件事情，和他知道要去做这件事情并不一样。前者跟后者的区别在于：后者在做事的时候，是拿着理论去指导自己的实践，这是有觉知的状态，前者是无知无觉的状态。经验类的孩子在学习的过程中，应该秉持的方法是总结归纳。在学课本内容和听老师讲解的时候，就要用总结归纳这样的思路去看待自己所学习的内容。这样在学习的过程当中，总结归纳的效率就会非常高。在总结归纳的基础上，经验类的孩子还要做的一件事情就是：大量刷题，只要把这两个工作做好，就可以从经验层次升为直觉层次。

第四类，直觉类的孩子。直觉层次的孩子解决问题的特点是：看到这道题目，不通过大脑的有意识思考，就能直接把题目做对，做题的特点就是快、准、狠。经验类的孩子在解决问题的时候，需要思考和分析。他们会想，老师上课讲过这种类型的题目，当时讲了三种解法，看来用第二种解法比较合适。

这类问题要从这个点入手，一步步地分析问题。他能看到自己做题的步骤，却没法将做题的方法和自己的思维合二为一。但是，直觉类的孩子不存在这个问题。在开学之后，他们并不需要补课或者找别人指导。他们在知识层面的成长，并不需要我们操心，甚至在成才这个问题上也不用操心。我经常讲一句话，人对了学习就对了，学习对了分数就对了。

从学业表现来看，我把学生归为四类，分别是：边缘类、普通类、优秀类、卓越类。对于直觉层次的孩子，面对的是从优秀走向卓越，是能否成为栋梁之材的问题。要想成为栋梁之材，需要的是认知的成长、人生境界的提升，以及对人生高度的追求。如果孩子属于直觉层次，我们要花更多的时间让他在人生的意义上有更好的成长。只要人对了，其他都有了，否则只有才没有人，他也没有办法成为一个大材，没有办法成为栋梁之材。

实际上，对所有层次的学生而言，关键都是人的问题。很多家长对我说："李波老师呀，你说得真好，我也非常相信这样一套方式，能够让我的孩子变得更好一些，但他不去用呀！"为什么会出现这种问题？因为人不对，学习就不对，分数更不可能提升。所以，家长不仅应该关注我提出的方式方法，更应该想一想怎样让孩子在人的层面上有更好的成长，拥有达观与开放的人生姿态，高效与便捷的学习方式。如果一个孩子有了达观与开放的人生姿态，再结合高效与便捷的学习方式，他的成绩一定会有质的飞跃。

跨过小初高的分水岭

从小学到高中有三大分水岭：第一个分水岭一般在小学的四五年级，第二个分水岭在初二下学期的 4 月、5 月到初三的 11 月，第三个分水岭在高一上学期 10 月到高一下学期的 4 ～ 5 月。这三大分水岭是重新洗牌的时间段，有的孩子的成绩和排名会上去，有的孩子则会掉下来。那么，在三大分水岭掉下来的这些孩子，他们都有哪些特点呢？

第一，在小学四五年级成绩下滑的孩子，他的特点是先天资质不够，主要表现在学习能力上，平时学习的时候会有一些压力。一到三年级的孩子学习内容比较简单。这时如果父母能给予适当的帮助，加强家庭教育工作，孩子的学习成绩不至于落后。但是到了四五年级，学习内容开始增加难度，如果孩子的先天资质不高，学习就会比较吃力。

另一种孩子是父母对他的学业、成长根本不关心，在家庭教育方面的支持严重不足。

还有一种孩子，因为在小学一到三年级之前，父母对他学习成绩的要求比较多，导致他在学习上的热情被过度消耗了。那么，到四五年级的时候，开始进入隐性厌学阶段。虽然成绩看上去下降得不是很多，但是已经开始下滑。这就是小学阶段四五年级，成绩会下滑的三大类的孩子。

到了初中之后，第二大分水岭在初二下学期的 4 月、5 月到初三的 11 月。有一部分孩子，是在初二下学期 4 月、5 月成绩开始下滑，而有的孩子则是进入初三以后，在 9 ～ 11 月成绩开始下滑。这两类孩子成绩下滑的原因不同。第一类孩子在这个时间段成绩下滑，通常是那些看起来很聪明但学习时不守规矩的孩子。比如，孩子平时很聪明，在体育运动或游戏中头脑灵活，但学习态度不端正，见到书本就有抵触情绪。在初三上学期成绩下滑的这批孩子，特点是初一和初二的成绩都不错，学习也比较积极，学习能力也不错，但对于中考成绩没有特别强烈的要求。进入初三后，成绩就开始莫名其妙地下滑。这类孩子中的一部分，在中考前两三个月时，成绩会回到原来的位置。

除了这两类孩子，还有一类孩子不是在初二下学期 4 月、5 月，到初三的 11 月成绩下滑，而是上了初一 2 ～ 3 个月之后成绩开始下滑。这类孩子在小学阶段的表现还不错，在班级中基本能达到中上的水平，看上去学习能力没有太大的问题。但进入初中后，由于学习能力的限制，学习成绩开始下滑，从中等生变成了排名靠后的学生。这类孩子学习能力的下降并不是先天资质的问题，而是后天学习和训练没有针对关键点进行，导致他在小学六年中学习能力没有实质性的成长。再加上他的天资禀赋普通，父母期望较高，却不知道如何正确地教育孩子，导致这类孩子在初一上学期11月左右时，成绩莫名其妙地下降了。

除了初中有分水岭之外，高中生同样要面临分水岭的考验。高中生在高一的上学期10月到高一下学期的4～5月，有一批孩子的成绩会开始往下掉。这些孩子的特点是学习能力有限，高中阶段对孩子学习能力的要求和小学阶段不一样。这些孩子在上初中时，成绩可能还算不错，如果班级中有50名孩子，能排在12～14名，说明学习能力还不错。但是，进入高中阶段后，初中时期的学习能力并不能确保孩子依然能够很好地应对高中的学业。最突出的表现是在理科科目如物理、数学、化学、生物的学习中，对于选择文科的学生来说，学习上还不至于遇到太大的压力。由于学习能力的限制，大约有一半的学生会选择文科。

除此之外，还有一类孩子也会在这个时间段成绩下滑。他们的特点是，进入高中之后学习成绩相当不错，初中阶段无论是在学校还是班级都名列前茅。在父母和老师看来，他们很有希望考上 985、211 的学校。但是，这类孩子在进入高中之后，大约在高一上学期的 11 ～ 12 月，成绩会莫名其妙地掉下去。而这背后的核心原因在于，初中阶段学校和父母管理十分严格，给孩子带来了较大压力，导致他的学习热情及学习能力被过度消耗。进入高中后的前几个月，孩子想要放松。结果因为短暂的放松，他的成绩开始下滑，进而开始自我怀疑，形成了恶性循环。他越是怀疑自己的学习能力，成绩越是下滑。

还有一类孩子，学习能力没有问题，学习热情也很充沛，但是进入高中阶段之后，就进入了思想和价值观意义上的困顿。当你和他们进行深入沟通的时候，能够感受到他们是有追求和思想的，对很多事情有自己的理解。同时，他在学习的能力上又相当不错，认知水平很高。就是这些在所有的人看来，有可能是国之栋梁的孩子，在进入高中之后成绩开始下滑。因为他们陷入了思想和观念上的困顿，开始思考人生的话题。如果说在思想和观念上没有水平更高的人能去引领，他们很难从这种状态当中走出来。当孩子遇到了三大分水岭，父母要去做一些工作对孩子的状态进行干预。教育有四个功能，分别是：治疗、干预、引导和给予。对于每一个分水岭当中不同类型的孩子，教育的功能也不一样。

总结一下，在三大分水岭中成绩掉下来的孩子分为四大类。

第一类孩子的先天学习能力不足，在小学四五年级就凸显出来了。这类孩子需要通过教育来进行改善。例如，他们首先需要的是养心，让自己的思维变得更加敏锐。

第二类孩子的问题是家长管得太多、太严，但是没有管到点子上，导致孩子的学习热情被过度透支，开始出现隐形厌学，进而转变为显性的厌学状态，这种状态通常在四五年级时表现出来，在初二前后会出现一次爆发。解决这类孩子的问题，核心在于父母需要提升自己对于家庭教育的认知，并改变自己的教育方式。当父母做出改变时，孩子也会随之改变，而且这种变化在孩子身上会表现得特别明显。

第三类孩子的学习能力跟不上学习的要求，随着知识难度的增加，理解的难度也越来越大，导致他们的学习能力未能获得长足的成长。这类孩子在初一时会先掉队一批，到高一时再掉队一批。因为每个学习阶段对学习能力的要求都不相同。当孩子陷入学习能力的困境时，他们会感到无助，怀疑自己是否适合学习，甚至认定自己的头脑反应很慢。其实，这种认识是错误的，因为能力是可以通过训练提升的。只要先天资质没有问题，通过后天的训练，他们的思维能力可以得到进一步的成长和发展。

第四类孩子的智商条件比较好，在小学、初中阶段，包括高一上学期，看上去没有太大的问题，可以说是天之骄子。但是，这些孩子恰恰因为过于热爱思考，在高中阶段由于人生阅历不足，思考的问题又没有得到很好的引领，导致思想陷入困顿，整个人生陷入迷茫。在家长看来，他们过于叛逆，不愿意把时间和精力放在学习上。实际上，是因为孩子陷入了思想上的迷茫，成绩出现了下滑。这对家长的考验非常大，绝大多数家长在这个时间点上都无法很好地引领孩子，甚至无法和孩子进行有效的对话。孩子在面对父母时，有一种向下兼容的感觉，认为家长不懂他，同时也知道家长是如何看待他的，孩子在包容父母对他的不理解。但他们又无法解决这些困惑，因为没有人能在思想上给予他们指引。

对于这类孩子，核心是要找到一个能够在思想上引领他们的人，一个精神导师。作为父母，也需要和孩子一同成长，否则与孩子之间的距离会越来越远。对于这类孩子，我也建议父母可以与孩子共同成长。当孩子对人生的理解越来越深刻，对社会的认知越来越到位时，就会明白自己应该做什么。他是一个有担当的人，只是在当前阶段有一点困惑。

所以，三大分水岭对于孩子来说是阻碍和挫折，同时，也是一次契机，让不同的孩子能够突破自我更好地成长。经过三大分水岭的锻炼之后，他才能洗尽铅华，终成大器。

高中成绩下滑，到底差在哪儿了？

很多家长问我："我家孩子上初中的时候学得挺好的，为什么进入高中之后成绩就一直往后掉呢？"

我问他："孩子上初中的时候，在班里是不是排在第 7 名左右？进入高中之后，是不是排在 15 ～ 25 名？"

他说："是啊，你怎么知道的？"

我说："如果是这个情况，孩子现在的成绩不是后退了，只不过是在原地踏步。"

接着我又问他："孩子高中物理满分 100 分，是不是没有超过 85 分呢？"

他很诧异："李老师，你怎么知道的？"

我说："初中阶段排在第 7 名左右的孩子，如果到了高中，物理成绩满分 100 分没有超过 85 分，说明他的思维能力不够。而思维能力不够，不是高中阶段才开始的，而是上初中的时候思维能力就不够。如果说他的思维能力比较强，在初中不应该排在第 7 名左右，而是在第 3 名左右。如果他在初中阶段全班排在第 3 名左右，高中物理满分 100 分，得分能够超过 85 分。"

也许有些家长会说："李波老师呀，我家孩子在上高中之后，物理满分 100 分，已经超过 85 分啦。他的成绩为什么还是下滑呢？"

遇到这种情况，家长可以看看孩子的数学成绩是否超过了 125 分。一般情况下，物理满分 100 分的卷子，考试成绩能超过 85 分，而他的总成绩相比初中退步了，说明他的数学很难超过 125 分。高中物理开始对孩子的思维能力提出更高的要求，而数学这门学科不仅考验孩子的思维能力，还考验他们在数学学习上的精力投入。如果他的思维能力较强，但是成绩总体下降，这意味着他在学习这件事情上的投入程度是有问题的。所以，他的学习不勤奋，表现在数学低于 125 分，化学、生物、英文这三门学科上会更加明显。

因此，孩子进入高中之后之所以成绩下滑，第一种原因可能是他的思维能力不够，会在物理成绩上直接体现出来；第二种原因是学习的投入程度太低，如果他的思维能力是过关的，那么他一定是在勤奋方面出了问题。对于第一类思维能力不够的孩子，家长不应在高中阶段才注意这个问题，而要在初中阶段去加强孩子思维强度和思维方式的训练及培养。对于第二类同学，他们的思维能力虽然到位，但是勤奋度不够。这个问题的根源在于，孩子的价值观出现了问题。

我经常讲，高中阶段学得好不好，主要取决于两个因素：第一个是思维能力，第二个是价值观。

初中学得不错，高中开始后退的孩子，原因主要有两个：一是能力跟不上，二是价值观不够成熟。第二类同学的核心问题在于，他们需要思想和观念上的引领，需要被告知：你是一个聪明的人，一个有能力的人。如何才能将自己的能力真正发挥出来，并在未来做成一些事情呢？你需要学会按部就班地做事。当你越聪明时，越要学会让自己变得"笨"，学会谦卑下来，去做简单而具体的事情，这叫下得去。

如果一个学生在进入高中后成绩开始不断下滑，首先要分清楚他的问题到底出在哪里。可以使用物理和数学的成绩作为判断标准来准确地找到孩子的问题。例如，他的物理成绩如何？如果物理成绩高于85分，平均分在88～92分，说明思维能力是到位的。那么他的成绩出现问题，原因可能是价值观出了问题。

如果他的物理分数低于85分，平均分在75～85分，说明他的思维能力还不错，只是有待进一步加强。

如果他的成绩低于75分，比如在65～75分，说明思维能力有欠缺，需要进行培养。

如果他的成绩低于 65 分，在及格线的边缘，甚至比及格线还要低。说明这个孩子暂时欠缺理科学习的思维，需要更进一步慢慢地去努力，去培养。

55 分以下，55 ～ 65 分这两个群体，既有思维能力不足，也有愿不愿意在学习这件事上去下功夫的问题，所以，基于物理成绩为标准去找孩子成绩下滑问题的时候，要先找到孩子的症结所在，其次才涉及在哪一点上下功夫的问题。

治疗偏科的良方

"李老师啊，我家孩子特别怕上数学课。自从上了高中之后，数学从来没及格过。上数学课的时候，感觉老师讲的内容都会被他自动屏蔽，怎么都听不懂。但是，孩子的文科学得很好，语文、英语、历史、地理、政治都能排在班级前五。他想考 985 大学，但是偏科太严重了，很没有把握。孩子这个偏科的问题，怎么才能解决呢？"这是一位学员家长在和我沟通时反映的问题。其实，偏科在大多数孩子身上都会出现，只是有些偏文科，有些偏理科。有些孩子死活学不会数学，而有些孩子看到英语就头疼。那么，对于偏科的孩子，父母应该如何引导呢？

这要看这个孩子偏哪个方向。比如，这个孩子比较偏数学和物理，另一个孩子偏语文，也有偏历史这些方向的，还有些孩子比较偏英语、政治、地理、生物：每个孩子的情况不一样。偏数学跟物理的这种孩子，一般都自认为在数理天赋方面，在智商方面占有极大的优势，而对于政治、历史、外语这些学科，从根本意义上看不起。他们会想：我花那么多时间背那些东西干什么？他对于这些学科的理解就是背，觉得没什么意思。只有那些脑子不好的人，才会学习这些科目。这种孩子最大的一个问题就是，他有一种智力上的优越感，不能够把自己的架子放下去。

除了智力上有优越感之外，他的自尊心也很强。所以，这种偏理方面的孩子脸皮相对有一点薄。比如，你拿一道超级难的数学题，或者物理题放在他面前，他解不出来的时候会觉得浑身上下难受，感到尊严受损，甚至有的孩子会急得跳脚，心想为什么我不会啊？这道题绝对有问题！一旦他有智力被碾轧的感觉的时候，整个人会有要崩溃的感觉。这种偏理工科的孩子在男生中所占比重比较多，应该在性格这个层面上去影响他。

有些孩子特别喜欢英语、政治，尤其是初中的政治、历史、地理，考试成绩也是这个方向的学科成绩高。这种孩子有一个共同的特点，上进心比较强。在现实生活当中，他的努力和积极程度往往很高。但是，有一个最大的问题是，他的思维能力跟不上，这就是为什么他偏文科这个方向，而对于数理的方向并不是很擅长，核心在于他的思维能力跟不上。因为英文、政治、历史、地理这些学科，只要有上进心，只要勤奋，只要使劲学习，只要按照老师的要求走，学生就能够拿到一个比较高位的分数。

比如，初中英语满分 120 分，认真学基本上能考 115 分左右。高中偏文科类的学科，在满分 100 分的前提之下，拿到 85 分左右都有可能。这个分数其实无论是在初中还是高中，都属于一个比较高位的分数。但是，这类孩子的思维能力比较差，无法深入思考问题，而且思维往往展不开。要想解决他的偏科问题，关键一点是要增长他的思维能力。尤其是在思考问题的时候，他能不能深入思考，能不能有举一反三的能力。

还有一种孩子特别偏语文，身上都有一种文人气质，或者说文艺范儿。对这个世界，包括对人生都有自己独特的思考角度，这种思考在他看来是非常深刻的。不愿意让自己变成只会考试的"机器"，因为那个样子是他所不喜欢的。人文方面的知识接触越多，对于人生的底色，以及悲欢离合感受得越是深刻。因此，有些偏语文的孩子容易产生消极的人生姿态。这种孩子需要从消极的人生态度当中走出来，当他能够积极面对人生时，会获得大成功。

引导偏科的孩子，其实最重要的不是简单的判定，无论孩子喜欢与否，重要的是分析他偏科背后的原因。比如，偏语文的孩子的思维能力往往比较强，偏数理的孩子除了有数学方面的天赋之外，只要稍微使点劲，语文也极有可能拿到高分。但是，偏英文方向的孩子，如果思维能力没有提升，不管在数理方面再怎么使劲，也很难拿到一个满意的分数。

很多人倾向于将数学和语文分开来看，但实际上要想学好数理，学好语文是前提。大多数数学好的孩子并非只具有数学天赋，他们的语文通常也相当不错。如果一个孩子偏重于语文，只要他认真去学，数理成绩往往也不会差。因为数理学习需要以理解为基础，学好语文后，理解能力可以得到提升。

如果想要引导一个偏科的孩子，需要从他的观念、性格和思维能力入手。不论是偏文科还是偏理科的孩子，只要他们愿意，大都可以把英语、生物、化学等学科学好。因此，从技术层面来看，偏英语、政治、历史、化学、生物的孩子需要整体提升思维能力，而偏数理学科的孩子往往非常固执，需要做好沟通工作。

偏语文的这些孩子，最需要的是改变观念。在引导孩子的时候，家长和老师的认知需要有高度和深度，认知层次和境界，要远远超越于他。这个时候你和他说三五句话，他就会对你产生认同感。只要认同了，他就愿意去积极学好其他科目，提升成绩也不再是难事。

高考冲刺你应该这样做

　　每到距离中考和高考不到半年时间的时候，都是孩子和家长最为焦虑的时间段，他们常常在这时问我同一个问题：只剩半年的备考时间了，李老师能给我们一些建议吗？

　　在给具体的建议之前，先描述一个现象。高考一般从 8 月、9 月开始备考，到高三上半学期为止，至少三个月已经过去了。那么在这三个月的时间里，孩子的成绩和排名相比中高考备考之前，有没有发生实质性意义上的变化？如果不出意外的话，绝大多数的孩子相比于他们初二结束或高二结束的时候，在班级里的位置并没有什么变化，中高考也是现在的分数和现在的位置。孩子们看上去在过去的三个月时间里付出了很多，做了很多题，听了很多课，但是对于孩子的成长似乎无益。这个时候出现了一个问题，相当多的孩子在面对中高考的时候，内心深处的信念开始动摇了。

我认为，首先要解决的问题是，无论当前的成绩如何。不论现在的成绩相比初二和高二时是下降了还是原地踏步，家长和孩子都应该对未来的中高考抱有信心，要把这份信念坚持到中高考考试结束。你是否能够成功取决于你是否能够将这样的信念持续到下考场的那一刻。在这个过程中，除了孩子要对中高考坚定信念之外，父母内心的信念同样极为重要。甚至父母对孩子的这份信念比孩子对自己的信念更重要，家长需要成为孩子背后的强大精神支柱。

除了信念感之外，孩子还需要注意策略的问题。在过去三四个月的时间里，之所以没能获得实质性的进展，根本原因在于试图抓住一切，结果抓住得并不多，能够稳固掌握的就更少了。因此，在接下来的备考时间里，需要用三到四个月的时间学会"抓点"。换句话说，要有选择地对当前学习的内容进行深入挖掘，而不是追求把老师讲的所有问题全部搞通。比如，今天老师发了几本练习册，你不应该试图把这几本练习册上的所有题目都搞定，这是错误的做法。不要像熊瞎子掰玉米一样，掰一根扔一根，掰得越多扔得越多。

因此，无论老师讲了多少问题，无论自己手头有多少本练习册，你只需要牢牢把握住常考的重点知识以及典型例题即可。然后把这些有限的知识彻底学通。这样你会发现，你的成绩和排名会逐渐开始提升。例如，在一个知识模块中有十个点，这十个点并不是必须全部学通才能在这个模块的考试中获得高分。你只需要把这十个点中的三个重点搞定，你会发现另外七个点的问题也会迎刃而解。从高考前一年的 12 月开始，到次年的 3 月初，备考的核心都是抓重点。

3 月初之后，考生再把备考策略从抓点调整到做面。从 3 月初或者最迟 3 月中下旬开始，用两个月到两个半月的时间来做面。做面的意思是不在具体问题上下功夫了，而是结合具体的试卷，就整套的试卷当中出现的问题，不断地扫清自己的错误和盲区。这样处理的目的在于，形成解决具体问题的思维惯性。思维惯性是指，不再深挖解决这个问题的深度意义，而是在形式上进行处理，形成解决问题的惯性。经过 2～3 个月时间的抓重点，以及接下来 2～3 个月的做面，大多数孩子的成绩相比现在会有大幅度的提升。这是准备中高考的孩子在最后半年的冲刺阶段需要做的事情。

那么，在中高考备考的冲刺阶段，父母应该怎样帮助孩子呢？

严格意义上来讲，当家长不知道要做什么的时候，最好的方式就是什么都不要做。作为父母来讲，多做不如少做，多说不如少说甚至不说。在这个过程当中，如果说你实在想要给孩子做点什么，我有一个建议，就是家长要学会找一件事情去做，这件事情是你在日常生活当中比较擅长的事情。让自己从做这件事中体会一下自娱自乐的感觉。在自娱自乐的过程当中，去感受这件事情你很擅长，同时又去把自己放进去的感觉。这个时候，整个人的精神状态就单纯起来了。

通过身体的兴奋来带动思维的兴奋，进而促进精神的单纯。家长在做这件事的过程当中，身体会自然而然地兴奋起来。当你兴奋起来之后，大脑就会活跃，整个人也就单纯了。这时，面对孩子你就没有了功利心。你能够在看见孩子的时候，感受到他在面对大考时，心里的忐忑不安。其实，对于95%的孩子而言，面对中高考，他们心里最大的问题是忐忑，而不是焦虑。无论是中考还是高考，对于他们来讲都是人生当中非常重大的一个分水岭。无论孩子平时多么不懂事，面对大考都会非常严肃。这个时候不管孩子的学习成绩有多好，他的内心一定是忐忑不安的。

这时孩子的理性是无法建立起来的，他们不能很好地控制自己的意识、行为、心态。如果父母能够自娱自乐，并随着时间的推移在精神上变得单纯起来，这往往能很好地影响到孩子。孩子在面对中高考的时候，整个人也能够纯粹起来。

面对中高考，孩子之所以会忐忑不安，是因为心境不够纯粹，得失心太重了，太想通过这次中高考，得到外部很好的评价，或者一个很好的结果。孩子越这样想，忐忑感就越重。

父母需要做的就是通过自己的精神单纯，让孩子面对中高考能够淡化功利心，精神状态更加纯粹一些。孩子的精神越纯粹，头脑就越缜密，考试发挥得就会越来越好。

　　纯粹就是没有杂念，心中只有考场上做的几张卷子。一个人要纯粹地面对一件事情，也需要外部环境的感染。要知道，身教胜过言传，良好的家庭氛围才是考生的心理保障。即使孩子平时住校，也能在与父母的沟通中，感受到传递给自己的心态和能量。当孩子能够内心安定，把中高考当作一次纯粹的考试来看待时，考试成绩自然不会差。

这样学数学，提分速度快

我在辅导学生数学的时候，听过很多学生对我说："数学根本不用记和背，只要理解就行了。我数学成绩不行，是不是智商太低啊？"

其实，能问出这个问题的孩子，不出意外的话，他的数学成绩在班级里往往处在中下游水平。为什么这么说呢？因为在他看来，数学成绩特别好的同学，从来没有记和背。事实上，数学成绩特别好的孩子，只是在很短的时间里完成了记忆和背诵。比如，在看到公式、定理、推论、结论的时候，他可能只需要看一眼，或者记忆一两分钟，就已经把这些知识深深刻在头脑当中了。而对于成绩中等或中等偏下的孩子而言，可能需要3～5分钟，甚至需要10分钟的时间才能记住。所以，数学好的孩子并非不用记忆，而是学得越好的孩子记得越快。

比如，英语考试满分 100 分，你的英语成绩考到 95 分以上的时候，记一个英语单词的时间可能只需要一分钟。如果考到 85 分，去记一个英语单词的时间可能需要五分钟，如果只能考 60 分或 60 分以下，可能需要 15 ～ 20 分钟去记一个单词。同理，数学成绩越高，代表他对数学问题的理解越深刻，对于问题背后所呈现的规律，能把握得更加到位，所以只要看一眼就能记住。

以我自己为例，因为我曾经是高中数学老师，对于数学公式、定理、结论、推论以及一些新的解题方法都非常敏感。很多时候，我只需要看一眼就知道这道题目应该如何解答。有的同学问我一道题，我基本上扫一眼就能知道题目的要点。但是对于一个语文老师来说，他把这道数学题放在眼前看三分钟，可能还是记不住题目的内容，更不知道如何解题。问题的根本在于认知水平越高，对于问题的把握就越有效率。

我一直告诉同学们，记和背是学好数学的第一个坎。以前当数学老师的时候，我首先会引导学生，让他们把数学当中所涉及的基本概念、定义、结论、推论多读几遍。在读的过程当中，逐渐记住知识点。多读几遍也是为了孩子们能把握问题背后的规律及其涉及的概念。接下来是对所学数学知识和题目的阐述，目的是通过阐述，学生能够把对知识和题目的感觉表达出来。能够自己阐述并不代表完全掌握，还需要把自己阐述的内容再写下来，多念几遍以加深记忆。

第一次记忆要记住的是有形的东西，第二次记忆要记住和背诵的是无形的东西。将有形和无形的东西都记住，数学才能真正学好。达到这个程度，你在解题时才能做到又快又准。

其实，一个孩子记忆的过程，也是他理解的过程。要想理解知识点，首先要有理解的对象。脑袋里没有东西，去理解什么呢？有的孩子对我说："李波老师啊，我这个单调性这一节学得不是很好。"我问他："那你说说什么叫单调性呀？我们在讲单调性之前，还讲了增减性的概念，什么叫增减性呀？"往往在这个时候，孩子会以非常困惑的眼神看着我。他感觉自己已经理解了这个知识点，又好像什么都没记住。这个孩子不知道什么叫增减性，也不知道什么叫单调性，课下做题的时候，怎么可能理解题目要考查的内容呢？怎么可能把题目做出来呢？因为首先要有理解对象，没有理解的对象肯定无法举一反三。

所以，孩子要想学好数学，首先要记有形的东西，先记住老师讲解的解题过程，以及知识点的演化规律。最后再慢慢生发出自己对问题的理解。你的理解是无形的东西，那么这些自己理解的无形内容同样要记。比如，我在教育的过程中，发现教育的核心是做人的工作，就像我经常讲的一句话：人对了，学习就对了，学习对了，分数就对了。在悟到这句话之后，我在工作过程当中会经常把它挂在嘴边。不断重复和记忆的过程，也是我对问题更进一步理解的过程。所以，当你能够抽象出具体的东西的时候，同样需要去记忆。因为这些无形的东西，将来会指导你的工作，让你在解题层面上又快又准。

那么，记忆的标准是什么？是三句话：越多越好，越熟越好，越先进越好。越多越好和越熟越好比较好理解，越先进越好是什么意思呢？打个比方，很早以前听音乐需要买一个录音机，打电话需要专门买一个大哥大，计算数字需要买一个计算器。而现在，你只需要拥有一部手机，就能搞定所有这些功能，这就是更加先进的表现。所以，公式、定理、结论、推论这些东西，都是解决数学题目的工具。我们对于工具的要求，一定是越多越好，越熟越好，越先进越好。

记忆、背诵是学习数学要过的第一道坎，第二道坎是方法的梳理，第三道坎是思想的建立。如果你在第一道坎上就被绊住了，那么第二道坎和第三道坎也很难迈过去。因此，认为数学只需要理解不需要记忆的孩子，在高中阶段满分150分的试卷中，分数往往只能拿到85～95分，不会超过105分。在初中阶段满分120分的试卷中，分数很难超过85分。有什么样的认知，就会有什么样的成绩，你所得到的分数在一定程度上反映了你的认知层次。

积累是提升语文成绩的捷径

最近小武觉得压力特别大，这次考试的语文科目考了104分，比上次期中考试少了10分。他感觉自己的语文能力下降了，在这段时间内肯定没有把语文学好。如果在接下来这段时间里，不在语文这个学科上努力的话，下一次考试可能会比104还要少。所以，小武被语文成绩的下滑搅得心神不定，越是想要学好语文，就越是学不进去。他通过连麦找到我，希望我能给他一些指导。最好是能告诉他学习语文的捷径，就像灵丹妙药一样，用了之后就能短时间内提升10～20分。

其实，小武的这种想法并不符合学习的规律。比如，语文满分150分，这次他考了104分，我教他一个方法，通过这个方法加上在语文这门学科上的努力学习，是不是下一次考试一定可以考到114分？或者说当考到114分之后，继续努力下次考试就一定可以考到118分？我认为，事实并非如此。理论上来讲，分数的变化并不会按照你的意愿发展，这次考的分数高，下次不一定还会高。因为每一次考试所考查的对象不一样，考试的时候要考的内容和难度不一样，考生的心态和为考试所付出的时间和精力也不同。

所以，并不是上一次考了114分，这次考了104分，就说明你在语文方面的能力处于下滑的状态，更不能说明你在最近一段时间的语文没有学好。分数可以代表一些问题，但一次分数并不能代表所有的问题，尤其是在语文这种软性的学科上。如果两次考试中间的间隔不超过一个月的时间，那么，我们不能因为这次考试的分数，就断定自己在语文方面的能力有所下滑。更不要因为这件事情，就否定自身的能力。那么，我们如何让语文分数从104分再回归114分？如何提升自己的语文分数，最终获得一个稳定而且分数很高的语文成绩呢？

提升语文这门学科能力，我认为分为三个层面：第一个层面是，知识的积淀；第二个层面是，考试方式方法的熟练；第三个层面是，基于第一个层面基础之上，思想、情感、观念的不断升级。

知识的积累比较简单，却最为重要。积累的方法就是多读书、多积累。以学校的教材为例，学校发放的语文教材，起码应该认认真真地读一读。还要跟着老师多读、多听、多写，没有特别的办法。也可以在这个基础之上，通过自己不断的思考，结合高水平老师的一些讲解，拓宽自己的知识积累。比如，今天学了一篇课文，你觉得这篇课文写得特别好。除了老师讲解之外，周末的时候还要到网上找一找与这篇文章作者相关的一系列的文章和书籍，并且在课余时间读一读。做完这个工作之后，你会发现自己对这篇文章的理解可能比语文老师的理解要更通透，从此你打开了一个新的天地。

比如，我的手头有一本书叫《鲁滨逊漂流记》，假设上课讲的这篇文章是从《鲁滨逊漂流记》这本书中所选取的一段。通过这篇文章你发现，这本书非常有意思。下课之后，你把这本书从头到尾看一遍。看完之后你对这个作者有了更加深入的了解。你还要去看一看关于《鲁滨逊漂流记》这本书的书评，读一读那些高水平大师对这本书是如何进行评价的。再去找一找作者本人对这本书的自我评价。假设一个学期你学了20篇文章，在20篇文章里，拿出其中的一篇文章，做了类似的外延性阅读和思考。你会发现，你语文方面的能力有了翻天覆地的变化。

我经常说，与其读1000本书，不如把一本书读通读透。比如，通过对课文当中《鲁滨逊漂流记》这篇文章的外延性阅读和思考，你会发现自己的阅读能力和思考能力已经提升了一大截。所以，要学好语文必须做好积累，结合当下语文课本上的内容，进行外延性的阅读和思考。一个学期可以以两个月为单位，在这两个月中选一个方向自己去研究，这样可以在潜移默化当中提升你的语文能力。

语文学好特别重要。在将来的工作当中，年满 35 岁以后，你的人生的成就一定会受到语文的影响，即便你是学理工科的人。你人生后期的成长和发展，完全取决于你的人文积淀。人文积淀首先从语文学科开始，它甚至和政治、历史、地理都不分家。有的同学为什么学不好理科？其中一个原因就是语文没学好。因为数学当中有三种语言：文字语言、数学语言、符号语言。他无法把文字语言转化成数学语言，没有办法把数学语言转化成符号语言，当然没法学好数学。

至于考试的方法和成绩，并不要过早地去接触，因为这样对孩子反而不好。尤其对于还在上初中的孩子，要着重于在人文方面的知识积淀。以两个月为单位，比如可以在 12 月找一段时间，从书中挑选一篇特别感兴趣的课文，进行外延性的阅读和思考。读一读这篇文章的原著，以及作者的生平和他写过的其他著作。同时，看一看关于这本书的书评。在做完这一系列工作之后，如果你觉得自己对文章、作者、著作很有感触，可以动手自己写一篇书评。当你能把这项工作坚持下去，会发现自己的语文水平会潜移默化地提升。

高考数学越来越难了吗？

　　这两年不少参加高考的考生，在考完数学之后，都对我说："李波老师啊，今年的数学实在太难了，做完之后真的感觉心里没底，估计数学是考砸了。"作为一名曾经的高中数学老师，我觉得这两年的高考数学确实有一定的难度。但是，如果老师把这份卷子给你做了详细的讲解之后，你会发现题目并不像自己感觉的那么难。为什么会出现这种现象呢？严格意义上来讲，高考数学难在两个地方；第一，当看到题目的时候，你有没有想法；第二，当你有了想法并开始动手解题的时候，你能不能做得下去？所以，不管是过去的还是未来的高考数学，也只是难在这两个地方。

　　为什么在听完老师的详细讲解之后，孩子们都觉得没那么难呢？这给了我们一个启示，在平时的数学学习过程当中，孩子们普遍缺乏一种信念，就是要把自己思考问题的过程进行放大化处理。所以，当老师详细解析高考题目时，你或许会发现这种解法自己也能想到。既然如此，在平时训练的过程当中，你在听完老师讲解题目之后，虽然你感觉自己似乎懂了，但实际上并未把这道题目学通透。也没有独自想明白问题，没有琢磨明白解题的思路。你会做一道题，和你知道怎么去解决这道题之间存在很大的差异性。你能够看得见自己解决问题的过程，才能在遇到这类题目时顺利解决。

很多孩子解完一道题或跟随老师的讲解完成题目后，并未深入理解解题思路。因此，面对类似问题时，他们仍然感到困惑。这时，当别人稍作提示或给予足够的时间思考，他们才能解出题目。这意味着在平时训练时，他们仅处于"知其然"的状态，能够顺着解题步骤完成题目。但在高考这种紧张环境下，需要从"知其然"提升到"知其所以然"的层次，才能在有限时间内快速准确地完成题目。因此，在平时训练中，当你觉得自己已经明白并解决了问题后，一定要回头审视自己的思考过程，进行所谓的"思维过程放大化"。

如果能实现思维过程放大化，孩子在遇到第一个难题时，往往能很快找到解决方法。至于第二个难点，即有想法却难以继续推进的问题，关键不在于想法本身，而在于执行过程。比如，有些题目需要经过数十步才能解决，但许多孩子在写到七八步时就会卡住。如果有人引导他们，手把手教他们解题思路，他们便能顺利完成，因为中间的过程其实并不如想象中那样困难。只是在高考那样的紧张氛围中，当他们写到七八步时，心态上会变得无力。这就好比要写一篇 4000 字的文章，写到 800 字时，感觉动力不足，无法继续坚持下去。这表明孩子们在日常学习中缺乏一种训练，这种训练叫"下得去"。

"下得去"的本质在于：谦逊地去做简单而具体的事情。孩子们在日常学习中往往眼高手低。在备考高考的过程中，他们更多是通过观看和听取老师讲解题目，很少自己动手独立完成一些综合性的题目。即便听懂了一道题的讲解，也不愿意将思路表达出来，更不愿将其运用到解题实践中。如果你在平时的学习过程中，愿意独立动手解决一些复杂的问题，并且认真练习三到五遍，你会发现这些问题自己也能够解决。一道看似复杂繁琐的题目，表面上是在考验解题的方法，实际上是在考察孩子的心理素质，看他们是否能承受压力，是否有耐心，能否全神贯注地做一件事。

如果孩子在心性方面没有完善和提升，他的学习就很难善始善终。孩子在进入初中、高中之后，数学题的难度一定会跨越式地提升，而且高考和中考的趋势，也是考查孩子的综合能力。孩子不需要对此感到紧张和担忧，只要把握住这两条：第一要学会思维过程的放大化，让思维能力有一个质的提升；第二要学会下得去功夫，完善自己的品质、心性。有了这两个功夫，再加上好的老师对你的引领，你就再也不怕数学难了。

中等生提分只需要三步

在我教过的学生当中，中等生的人数最多，也是最难突破自己的一个群体。从排名下游的学生提升到中等生的速度最快，但是从中等生变成优等生却最为艰难。因为中等生不是一两天或者一两个月形成的，而是很多年都是中等生。比如，孩子在小学的时候是名中等生，如果不出意外，初中和高中还是中等生。我对中等生这个群体的描述，可以用两句话形容：第一，活得太本分；第二，办事不彻底。如果中等生想要从原有的位置跨越到优等生的范畴当中，严格意义上需要分三步走。

第一步，破局；第二步，布局；第三步，出局。

破局意味着摆脱做事半途而废的困境，你只需在当前所做的事情中，挑选一到两件事做到底。在这个过程中，关键在于三点：第一速度要快，第二频次要高，第三决心要强。掌握了这三点，你大概率能打破原有的状态，就像拿着一把锄头，在地面上凿出一个大洞，让种子破土而出。在开始破局之前，在精神层面上要有强烈的改变自己命运的意愿，保持坚定的决心。许多中等生之所以一直停留在中等水平，是因为他们内心深处有一种宿命感，随着年龄的增长，这种感觉会越来越强烈。他们会想：我就这样了，彻底认命了，这辈子可能都无法改变了。作为学生，他们永远只能是中等生，因为他们的父母似乎也是如此，中等生的父母养育了一个中等生的孩子，似乎永远也无法改变中等生的命运。

因此，破局至关重要，而且频次一定要高，决心必须强。中等生之所以成为中等生，是因为随着时间的推移逐渐接受了现状，导致他们在做事时认为只要完成分内之事就可以了，再多做也无济于事。他们既不想做又不得不做，因为他们担心如果不做，会受到别人的责备，比如老师的批评或是父母的训斥，所以他们不得不去做。在做事时，他们总有一种不情愿的情绪，并非出自内心的意愿。只有真正迈出第一步，才能摆脱当前的状态。破局是一个痛苦的过程，因为它意味着中等生需要离开舒适区，进入全新的领域。但是，一旦破局成功，就意味着不仅学习成绩，甚至整个人生都会发生改变。

第二步，布局。其实布局对于中等生并不重要，因为他们一直在做布局的工作。只不过是在布局的过程中缺乏条理性，导致规划往往难以实施。他们需要的是突破，而不是仅仅布局如何突破。我见过不少中等生在新学期开始时设定了大致目标，并且看似有一些具体的实施步骤，但只执行了几天，之后要么因为目标难以实现，要么因为缺乏持久的努力，最终又回到了原来的状态。例如，在全班排第 30 名的孩子计划在两个月内将自己的排名提升至全班前 3 名，而且没有对自身的薄弱科目和擅长科目进行全面分析，导致努力的方向出现偏差，不到一个月就无法坚持下去。期末考试时，依然排在全班第 30 名，这显然是失败的布局。因此，中等生不应过多考虑布局，而应将更多的精力放在破局和突破现状上。

第三步，出局。出局是什么意思呢？我经常讲一句话：说你行你就行，不行也行；说不行就不行，行也不行。这两句话的意思就是，中等生在进行自我评估时，一定要宽而不能严。你有 7 分的水平，并不意味着你只能取得 7 分的成绩。或许在考试那天状态特别好，完全可以拿到 9 分的成绩。然而，中等生往往会认为，想要获得 7 分的成绩，就必须具备 7 分的实力。因此，中等生出局的根本途径是：自我评价。评价自己时要敢于"放卫星"，只有敢于对自己做出更高的评价，才能拥有突破自我的勇气。面对考试，中等层次的学生应该更加大胆一些，不要过度在意细枝末节。对自己的评价一定要慷慨，包括老师和家长对中等生的评价也应该多一些鼓励。要告诉中等生，他们的潜力远远超过自己的想象，完全可以突破现有的排名，成为优等生。只有这样，这个人对自我的评价才有可能更高。

有些人担心，如果给予过多的鼓励，孩子会不会变得过于自信？你要记住，对于中等生来说，想要向上发展，就是要让他们变得更有自信。只有自信心增强了，他们才能放下原有的自卑心理。一旦中等生通过考试取得了比之前更好的成绩，他们会认为自己的能力有所提升，这时才是开始布局的关键时刻。比如，一个班级里有 50 个学生，7 ～ 15 名的孩子我称为中等偏上。15 ～ 25 名的孩子，则是典型的中等生。假设孩子的排名在 20 名左右，通过破局和布局的操作，他排到班级 12 名。这个时候，他会认为自己具有 12 名的能耐。虽然从专业的角度去评判，他的能力可能略有偏差，但是他不自知。因此，接下来一定要去做布局，布局时要适当调整，逐步调整孩子的具体学习方法，结合破局和出局的策略，否则他的排名可能会停滞不前甚至退步。总之，破局、布局、出局这三步需要结合起来使用，才能让中等生突破障碍，真正成为优等生。

具备这些素养，稳上好大学

　　每个孩子都想上好大学，都想上 985、211 大学。那么，孩子如果想要考上好大学，必须具备什么样的素养呢？我认为，首先要认识到一个事实：高分往往意味着高能。所谓的"高分低能"往往是特例。那么，"高能"究竟指的是什么呢？首先，我们会看到这个孩子获取分数的能力非常强。基于多年的教育教学经验和观察，我认为一个孩子的考试分数很大程度上取决于他的解题能力。得分能力越高的孩子，解题能力越强。而解题能力又取决于孩子的知识理解能力，即孩子能否深刻理解老师所教授的内容。如果能做到这一点，那么他的解题能力就会很强。

　　为什么孩子们理解知识的能力有所不同呢？即便是同一节

课，老师都在认真授课，为什么有的孩子听完之后就能迅速解题，而且做得又快又准，而有的孩子听完后仍然不太明白，需要老师再次讲解？这是因为对知识的理解能力取决于孩子的思维能力。为什么有的孩子小时候看起来很笨拙，但随着年龄的增长却变得越来越聪明？而有的孩子在 12 岁之前成绩很好，看起来也很聪明，但年级越高，他们反而变得越来越普通？如果我们进一步探究，会发现孩子的思维能力与其品质心性密切相关。

那些能拿高分的孩子，他们的一个显著特点是"坐得住"，即能够静下心来专注学习。例如，在重点中学的重点班里，下课后在教室里蹦蹦跳跳的孩子不多，他们能够稳稳地坐在那里继续学习。相比之下，在普通班，尤其是在高中成绩不是很理想的班级中，上课时孩子们的注意力往往不够集中，坐不住，只要坐的时间稍长，他们就会感到浑身不适。

因此，评价一个孩子的心性，第一条标准是能否坐得住。第二个标准是情绪是否相对稳定，无论外界环境如何变化，孩子都能保持自己的节奏，该做什么就做什么。一次考试考好了，也不会特别高兴；这次没考好，也不会特别伤心。然而，有的孩子只要稍微考得好一点，就变得非常自负，觉得自己了不起；但如果成绩较差，就会像霜打的茄子一样一蹶不振，觉得自己一辈子都完了。这就是情绪稳定与不稳定之间的区别。

仅仅坐得住和情绪稳定这两个标准，就已经将许多孩子排除在外。如果孩子既能坐得住又情绪稳定，这意味着他们能在试卷上的简单题目上快、准、狠地得分，也不会因为题目简单而掉以轻心。然而，许多孩子看到题目简单时，就会掉以轻心。考试结束后，他们可能会表现出居高临下的态度，认为考试不过如此。结果原本可以得到 10 分的题目，由于没有认真对待简单题目，最终只能得 6 分。那些能坐得住并且情绪稳定的孩子会认真对待简单题目。考试后，10 分的题目能够拿到满分。看见难题的时候，有的孩子会想，这可怎么办呀？我不做了，这个题目老师没有讲过，肯定是题目出偏了，这就是大部分孩子的心理状态。而那些水平高的孩子看到难题时会先思考一下，回想老师是否讲过类似的问题？如果老师之前没有讲过，自己之前是否见过相同类型的问题？如果第一步不符合，有没有其他解题方法？在面对这些问题时，他们的态度是稳定的，解决问题是有步骤的，正因如此，他们才有能力解决这些高难度的问题。所以，除了能坐得住和情绪稳定之外，方法和策略同样重要。在解决问题时，他们总有一套自己的方法论。此外，这些孩子的思维能力强，头脑灵活。

许多人认为，自己的智商是天生的，但实际上优秀的思维能力是可以通过训练培养出来的。虽然这与孩子的先天资质有关，但如果先天资质不佳，通过后天的训练也能逐渐提高。相反，如果先天资质较好，但从未进行过训练，那么成绩迟早会下滑。因此，那些顶尖水平的孩子，本身水平就很高，加上后期的训练，才能够达到顶尖水平。还有一部分孩子从小就展现出不错的资质，父母给予了正确的引导和训练，使他们没有偏离正轨。另一批孩子虽然小时候资质一般，但通过自我训练，最终成长为优秀的学生，并考上了好大学。

综上所述，一个孩子想要考上好大学并不容易。但是，采用正确的方式进行训练，也并没有想象中那么难。只要把握好坐得住、心态稳、有方略这几个标准，再加上后天的思维和心智训练，在这个时代考上一所大学，甚至是考上一所不错的大学，基本上是没问题的。